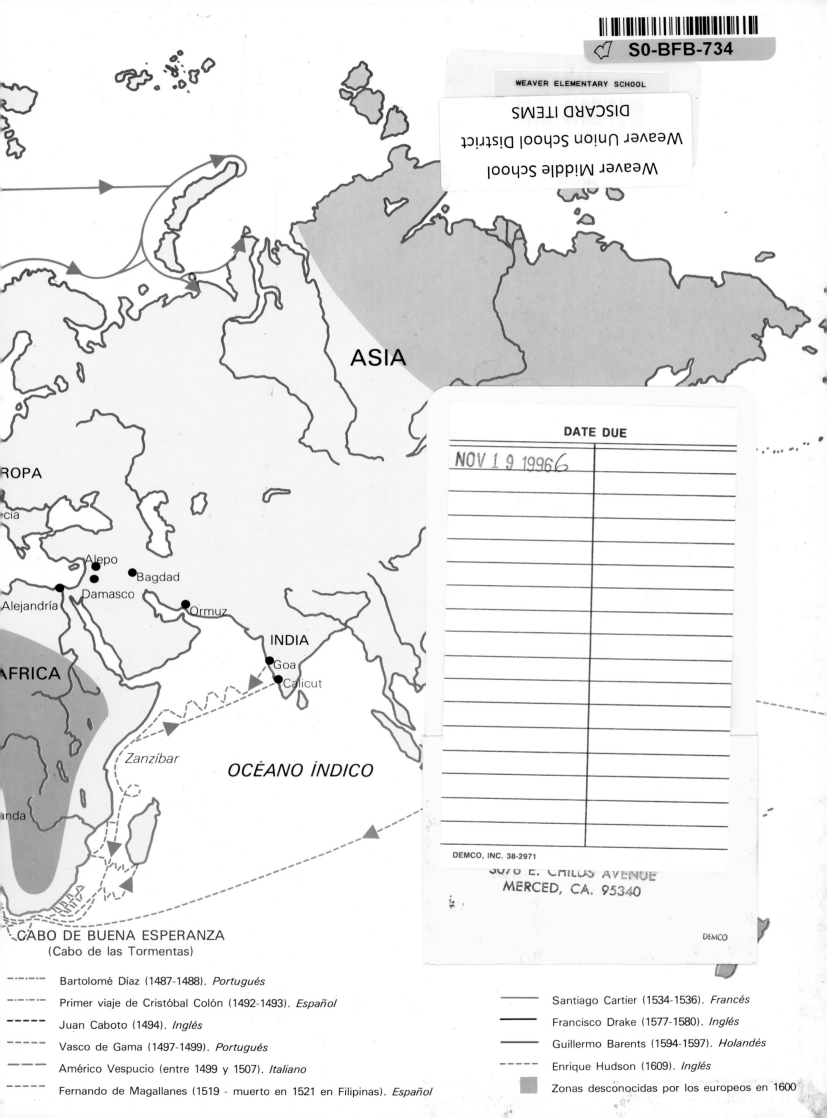

ASIA

ROPA

cia

Alepo

Bagdad

Damasco

Alejandría

Ormuz

INDIA

Goa

Calicut

AFRICA

Zanzíbar

OCÉANO ÍNDICO

anda

CABO DE BUENA ESPERANZA
(Cabo de las Tormentas)

------- Bartolomé Díaz (1487-1488). *Portugués*

—·—·— Primer viaje de Cristóbal Colón (1492-1493). *Español*

- - - - Juan Caboto (1494). *Inglés*

- - - - - Vasco de Gama (1497-1499). *Portugués*

— — — Américo Vespucio (entre 1499 y 1507). *Italiano*

— — — Fernando de Magallanes (1519 - muerto en 1521 en Filipinas). *Español*

——— Santiago Cartier (1534-1536). *Francés*

——— Francisco Drake (1577-1580). *Inglés*

——— Guillermo Barents (1594-1597). *Holandés*

- - - - Enrique Hudson (1609). *Inglés*

▨ Zonas desconocidas por los europeos en 1600

Edición original:

Colección creada y dirigida por

Michel Pierre
Director literario de Ediciones Casterman.
(París-Tournai). Catedrático de historia.
Profesor de conferencias en el Instituto
de Estudios Políticos de París.

Dirección gráfica: Giampiero Caiti
asistido por Christine Tonglet

Edición: Marie-Christine Torti

Mapas: Bernard van Geet

Fotograbados: Cassochrome, Planning Repro, Wespin y FG
bajo la dirección técnica de Claude Duhem

Créditos fotográficos

Michel Pierre: páginas 8, 10, 12, 14, 16, 21, 22, 32, 35, 36, 46, 48 (ab.), 49
(arr.), 50 (iz.), 52, 56, 58 (ab.), 63 (arr.), 66 (iz.), 69, 72, 75. Dagli Orti: páginas
9, 23, 37, 48, 57, 60-61, 61 (arr.), 62-63. D.R.: páginas 12 (arr.), 23 (ab.), 33, 47,
51, 59 (arr.), 64, 70 (ab.). Josse: páginas 15, 17, 19, 31 (ab.), 58 (arr.). ERL/Sipa
Icono: páginas 18, 51, 52 (arr.). Museo del Hombre, París: páginas 21 (arr.).
Fundación Caiti: páginas 27, 34 (ab.). Giraudon; páginas 26, 40 (arr.), 50 (dcha.),
68. Roger-Viollet: páginas 29, 41, 44, 46, 62, 66, 70 (arr.), 71, 73, 74. Museo del
Clos-Lucé; página 31 (arr.). Scala: páginas 34, 35 (arr.). Biblioteca nacional,
París: páginas 38-39, 42 (ab.), 56 (arr.), 62 (ab.). Bulloz: páginas 40 (ab.), 54-55.
Magnum: página 42 (arr.). Edimedia: pág. 49 (arr.). Paul Almasy: pág. 66 (dcha.).

Edición española:
© Editorial Luis Vives. Zaragoza 1990
50012 Zaragoza

ISBN: 84-263-1945-9 - Depósito legal: Z. 2 335-90

Talleres gráficos: Edelvives
Teléfono (976) 34 41 00 - Télex 57856 ELV E

Impreso en España - *Printed in Spain*

HISTORIA DE LOS HOMBRES

LOS GRANDES DESCUBRIMIENTOS

Texto
Brigitte Gandiol-Coppin

Ilustraciones
Véronique Ageorges

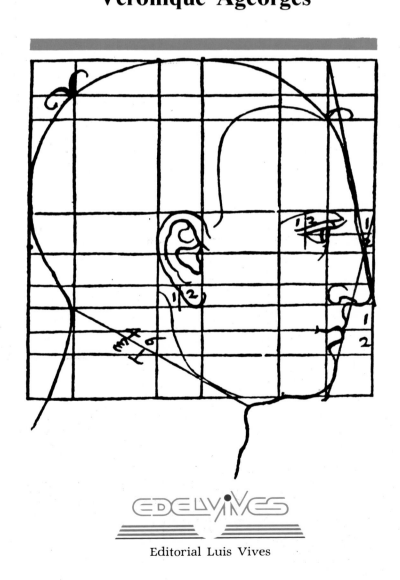

EDELVIVES

Editorial Luis Vives

SUMARIO

PREFACIO

Entre los prodigios naturales, el primero y el más raro es que yo he nacido en este siglo en que la Tierra ha sido descubierta, mientras que los antiguos apenas conocían de ella más de un tercio (...). Los conocimientos se han ampliado. ¿Qué hay más maravilloso que la artillería, ese rayo de los mortales mucho más peligroso que el de los dioses? (...). Añadamos la invención de la imprenta, concebida por el espíritu humano, realizada con las manos, que puede rivalizar con los milagros divinos. ¿Qué nos falta sino tomar posesión del cielo?

Jerónimo Cardano, matemático, filósofo, quiromántico, astrólogo, moralista... nació en Pavía (1501), murió en Roma (1576).

EL DESEO DE UNA RENOVACIÓN

A mediados del siglo XIV, el poeta Petrarca (1304-1347), deslumbrado por las bellezas de la Roma antigua que acaba de descubrir, se indigna con el estado ruinoso de sus monumentos: «Este sueño de olvido no durará siempre. Cuando las tinieblas se hayan disipado, nuestros nietos podrán volverse hacia el brillo puro del pasado.» Apenas dos generaciones después de su muerte, la Antigüedad, que tanto admiraba, resurge de la sombra.

El movimiento nace en Italia, donde la civilización romana tiene sus raíces. La península, en la cima de su poderío económico, ve multiplicarse el mecenazgo de las grandes familias y de los papas, que financian las excavaciones arqueológicas, hacen buscar y traducir los viejos manuscritos. Las bibliotecas del Vaticano, de Venecia, de Florencia, se enriquecen con textos griegos procedentes de los conventos del Imperio bizantino. Poco a poco, la cultura antigua se abre a los eruditos del siglo XV, que proyectan sobre ella una mirada nueva. Ya no se trata de adaptar el pensamiento de los antiguos a una concepción cristiana del universo como lo hacían los filósofos de la Edad Media, sino de ir más allá, hacia un pensamiento que produce vértigo.

El hombre se convierte en el centro de esta actitud, que recibe el nombre de humanismo. Un hombre que ya no es criatura divina caída, sino individuo libre y perfectible. Sedientos de conocimiento, fascinados por el saber que descubren, los humanistas y los artistas de esta época no son imitadores serviles. Extraen elementos de la herencia antigua para crear un arte nuevo. Así, Alberti publica un tratado de arquitectura inspirado en el del romano Vitrubio y se dedica a explicar las leyes de la perspectiva en la pintura. Brunelleschi levanta la audaz cúpula de Florencia después de haber estudiado la del Panteón de Roma. Donatello, Bramante, Rafael copian los templos y los teatros. Pintores y escultores imitan las estatuas del museo del Belvedere que acaba de fundar el papa Julio II, dibujan pilastras y cornisas y hacen que reviva la ciudad antigua en todos sus aspectos. Todos se ven estimulados por la misma búsqueda, la de la belleza. Belleza plástica de los cuerpos humanos, equilibrio armonioso de las proporciones y de los decorados en arquitectura... Esta estética venida de Florencia y de Roma se apodera progresivamente del conjunto de Europa y convierte a Italia en la cuna de un mundo nuevo.

En honor de Virgilio (70-19 a. de C.), poeta de Mantua, la marquesa Isabel de Este Gonzaga hizo erigir una estatua. Habiendo consultado al humanista napolitano Pantano, se dirigió a Mantegna, también de Mantua, para que ejecutase un proyecto que evocara el siglo de Virgilio. El artista propuso una estatua en pie del gran poeta vestido con una toga a la romana y con la *Eneida* entre sus manos.

Curiosos por el pasado antiguo, los hombres del siglo XV se interesan por los vestigios materiales, monumentos todavía en pie o esculturas bajo el suelo italiano. Su campo de investigación se extiende a Grecia, Asia Menor y Francia meridional. Eruditos como Poggio y Ciriaco de Ancona abren el camino a varias generaciones de viajeros arqueólogos, surcando las orillas del Mediterráneo para copiar, establecer un repertorio, analizar las inscripciones, coleccionar camafeos y monedas. En 1462, el papa Pío II, publica un decreto para proteger los monumentos antiguos, primero de una larga lista de leyes sobre la defensa del patrimonio arqueológico.

Estatua ecuestre del emperador y filósofo Marco Aurelio, que Miguel Ángel hizo levantar en Roma en el centro de la plaza del Capitolio, renovada por sus cuidados. Única en su género que nos ha llegado intacta desde la Antigüedad, se salvó gracias a la creencia que veía en ella la representación del primer emperador cristiano del Imperio romano, Constantino.

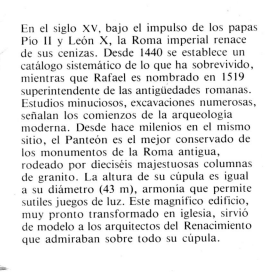

En el siglo XV, bajo el impulso de los papas Pío II y León X, la Roma imperial renace de sus cenizas. Desde 1440 se establece un catálogo sistemático de lo que ha sobrevivido, mientras que Rafael es nombrado en 1519 superintendente de las antigüedades romanas. Estudios minuciosos, excavaciones numerosas, señalan los comienzos de la arqueología moderna. Desde hace milenios en el mismo sitio, el Panteón es el mejor conservado de los monumentos de la Roma antigua, rodeado por dieciséis majestuosas columnas de granito. La altura de su cúpula es igual a su diámetro (43 m), armonía que permite sutiles juegos de luz. Este magnífico edificio, muy pronto transformado en iglesia, sirvió de modelo a los arquitectos del Renacimiento que admiraban sobre todo su cúpula.

LA EUROPA DE LOS IMPRESORES

Llevar un libro de cuentas o un diario, redactar sus memorias o la crónica de su tiempo, hojear el relato de un viaje, un libro de oraciones, un libro de poemas... otros tantos gestos que eran, en la Edad Media, privilegio de una minoría. Hay que esperar al comienzo del siglo XV para ver que la escritura y la lectura penetran lentamente en la vida cotidiana. Jamás en los siglos anteriores, la necesidad de instruirse ha sido tan ampliamente sentida. A los pueblos se les dota de escuelas, se crean universidades en las capitales y en las ciudades medianas: el saber ya no está reservado sólo a los clérigos. La imprenta nace de esta sed de aprender y descubrir sentida por los hombres del siglo XV.

Se ve también favorecida por progresos técnicos en la metalurgia y la industria del papel. Inventado por los chinos al principio de nuestra era, transmitido a los árabes que lo introducen después en Occidente, el papel debe su difusión en el siglo XV al uso creciente de la ropa de tela que suministra los trapos necesarios para su fabricación. Este soporte, menos costoso y más flexible que el pergamino, permite, en un primer tiempo, el grabado sobre madera, y a mediados del siglo, el procedimiento de la «xilografía». Juan Gensfleisch, llamado Gutenberg, orfebre de Maguncia, pone a punto los primeros caracteres móviles metálicos fundidos según una matriz, por tanto, renovables. Se inspira en las prensas de tornillo de los viñadores para realizar su prensa de imprimir y publica el primer libro en 1455, la *Biblia llamada de 42 líneas* (dos columnas de 42 líneas en cada página). El invento se extiende rápidamente a las grandes ciudades europeas, se implanta en Méjico en 1539, llega luego a Asia... Las primeras ediciones aparecidas antes de 1500, llamadas *incunables* (del latín *incunabulum*, cuna, comienzo), no sobrepasan unos cientos de ejemplares y tratan, ante todo, de temas religiosos.

A comienzos del siglo XVII, el veneciano Aldo Manucio es uno de los primeros en imprimir obras de la literatura antigua, rodeado por un equipo de eruditos encargados de corregir textos deformados por generaciones de copistas. En Venecia, Basilea, Amberes y Lyon, las imprentas se convierten pronto en centros vivos abiertos a las ideas nuevas y donde se encuentran artistas, poetas y filósofos.

Orgullosos de su saber y del domino de una técnica nueva, los grandes impresores se dotan con un «sello» distintivo que se encuentra en cada una de las obras que publican. Así, el editor de Amberes, de origen francés, Cristobal Plantin (1520-1589), jugando con el origen de su nombre, representa a un hombre plantando un árbol.

En cuanto al impresor veneciano Aldo Manucio (1450-1515), adopta el signo de una especie de delfín que se enrolla alrededor de un ancla. Fue el gran editor humanista de su tiempo, creador del libro de tamaño pequeño e inventor de las letras en cursiva llamadas *itálicas,* que permiten poner más palabras en la página que las góticas o las romanas.

EL PRIMER LIBRO IMPRESO

La *Biblia llamada de 42 líneas* es el primer libro tipográfico de Occidente. Escrita en latín, recuerda, por sus caracteres góticos y la magnífica decoración, las Biblias manuscritas de su tiempo. Lleva las tres cualidades que darán el triunfo a la imprenta: exactitud informativa, formato compacto, caracteres uniformes y legibles. Quedan hoy dieciséis ejemplares completos de los doscientos impresos al principio.

Carácter gótico italiano.

digueris toto orbe

«Bastardilla» francesa muy utilizada por los impresores de Lyon.

Villes et chasteaulx

Caracteres «romanos» de la imprenta de Aldo Manucio.

Factum a nobis pueris eſt ,

Itálicas de la misma imprenta.

lætas ſegetes, quæ ſydera ſeruet

Itálicas del francés Claudio Garamond.

Quaſi huom che ueggia in alto monte

Destinada, ante todo, a la producción de una imaginería religiosa, la *xilografía* (grabado sobre madera), aparecida hacia el siglo XIV en Europa, se difunde y permite la primera impresión «en serie». Textos y dibujos se graban sobre una placa de madera, recubierta entonces con tinta y después comprimida sobre una hoja de papel. Este grabado en madera, el más antiguo encontrado en Occidente (1370), representa un episodio de la Pasión, con un centurión y dos soldados a los pies de Cristo en la cruz.

La prensa de brazos puesta a punto por Gutenberg (h.1395-h.1468), orfebre de formación, se inspira en los lagares de vino utilizados en el valle del Rin. Produce dos movimientos consecutivos. El carro que lleva la forma donde están dispuestos los caracteres es empujado bajo la platina de la prensa. Se acciona entonces el brazo para comprimir, a su vez, la platina sobre la forma. Sobre el bastidor levantado (izquierda), se coloca la hoja de papel. Luego se baja sobre la forma. Sobre el carro móvil se disponen dos balas que sirven para entintar los caracteres móviles, que al principio eran 270.

LOS TURCOS
EN EL MEDITERRÁNEO

Desde la época romana, un incesante intercambio anima al Mediterráneo, mar interior del Viejo Mundo que lleva los convoyes de mercaderes hacia las orillas del mar Negro y del Oriente Medio al encuentro de las caravanas venidas de Asia, y reenvía hacia los puertos occidentales barcos cargados con especias, con sederías y con perfumes. Dos ciudades rivales desde el siglo XII, Venecia y Génova, han aspirado al cuasi-monopolio de este tráfico mediterráneo y han fundado factorías prósperas a lo largo de este eje vital.

Durante siglos, cristianos y musulmanes se repartieron un año con otro las tierras y las influencias, pero en 1453 la toma de Constantinopla por los otomanos rompe este equilibrio secular. Sin embargo, cuando la ciudad-símbolo de la presencia cristiana en Oriente cae bajo el empuje de los jenízaros y toma el nombre de Estambul, ya no es más que un enclave, privado de todo poder económico y militar, en un mundo islamizado. Desde fines de siglo XIV, los turcos ocupan el conjunto de Asia Menor y las dos orillas de los Dardanelos. Se han anexionado también los Balcanes, los puertos del mar Negro, las islas del mar Egeo...

Desde su llegada al trono en 1451, el sultán Mohamed II hace construir en la orilla europea del Bósforo una fortaleza que le asegura el control del estrecho. La primera galera veneciana que intenta forzar el paso es hundida y su tripulación exterminada. Poco a poco, las rutas de Oriente se cierran a los occidentales. En 1517, Egipto y las costas sirias son conquistadas, a su vez, por los turcos. El Mediterráneo está en trance de convertirse en un lago musulmán después de haber sido la cuna del Occidente cristiano...

Ya los navíos genoveses, que pierden sus mercados en el este, han atravesado el estrecho de Gibraltar a fin de abastecer directamente a los puertos del canal de la Mancha y del mar del Norte, que se recuperan de las pruebas de la guerra de los Cien años. La península ibérica, donde se acaba la reconquista cristiana contra los moros, se abre al mundo, mira hacia el oeste y hacia el sur. El Occidente en plena expansión busca nuevas rutas del oro y circuitos comerciales lucrativos.

Los grandes viajes marítimos son posibles en adelante; la inmensidad del océano Atlántico ya no asusta.

Ante el empuje turco que amenaza al Imperio bizantino, son numerosos los sabios y humanistas griegos que vienen a buscar refugio en Italia, con las manos cargadas de manuscritos y de objetos de arte. En 1438, el Concilio de Florencia, que señala la reunión de la Iglesia romana y de la Iglesia ortodoxa, da un impulso decisivo a los intercambios entre las dos culturas, sobre todo gracias a Juan Bessarión (1402-1472) que, convertido en cardenal en 1439, multiplica los contactos en toda Europa. Este pequeño relicario originario de Trebisonda, a orillas del mar Negro, fue traído por el cardenal, natural de esta ciudad, al mismo tiempo que una hermosísima colección de manuscritos que legó a la República de Venecia.

A pesar del avance turco, el contacto entre Oriente y Occidente continúa efectuándose en las factorías, que son prósperas gracias a una posición estratégica a lo largo de unas rutas comerciales establecidas desde muy antiguo. La primera era la ruta de la seda que recorría Asia central por Bagdad antes de llegar a las orillas del mar Negro y del Mediterráneo oriental. La segunda, la ruta del Sur, atravesaba el mar de China y el océano Índico y luego remontaba el golfo Pérsico o el mar Rojo hasta El Cairo, Alejandría, Trípoli... donde abordaban los navíos italianos.

Después de 1453, el régimen otomano da pruebas de tolerancia religiosa a los pueblos del Imperio, y si levanta mezquitas, no emprende ninguna guerra santa con vistas a obtener conversiones. Sin embargo, el primer acto de Mohamed II, la tarde de la caída de Constantinopla, es entrar a caballo en Santa Sofía después de transformar en mezquitas la mayor parte de las iglesias de la ciudad. Así, la iglesia de San Salvador en Chora, cerca de las murallas, se convierte en la mezquita Kahriye.

El ejército, que debe su ardor en el combate a su fe religiosa, es el órgano esencial del Imperio otomano, «nacido de la guerra y orientado hacia la guerra». Jinetes y arqueros temidos, los otomanos son también excelentes infantes armados con picas. Disponen, igualmente, de una sólida artillería, instrumento temible durante la conquista de Constantinopla en 1453.

ALLENDE EL OCÉANO

Además de la brújula cuya aguja imantada gira sobre un cuadrante de treinta y dos «cuartos» o rumbos, los marinos de los siglos XV y XVI se servían de los astros para conocer su posición, con los instrumentos aquí representados.

Dejar el espacio cerrado del Mediterráneo para afrontar el Atlántico, alejarse de las costas y navegar según los astros, explorar unas tierras desconocidas: estas nuevas perspectivas excitan la curiosidad de los hombres del siglo XV. En muchos países, los marinos de pesca se han adelantado a los exploradores. Hace ya mucho que los vascos se aventuran en alta mar llevados por los vientos favorables. Desde mediados del siglo XV, bretones e ingleses arman regularmente barcos para Islandia y Terranova, donde los bancos de bacalao son particularmente abundantes. En la misma época, los portugueses se lanzan por el Atlántico Sur.

El impulso decisivo lo da el príncipe Enrique el Navegante, que se rodea de marinos competentes y financia expediciones a lo largo del litoral africano. Después de haber colonizado Madera (1418) y luego las Azores (entre 1425 y 1430), sus enviados llegan a las islas del Cabo Verde en 1456. Veinte años más tarde, las carabelas portuguesas atraviesan el ecuador y penetran en el golfo de Guinea, donde se abren los mercados del oro, del marfil y de los esclavos. Por último, en 1487, Bartolomeu Dias (1450-1500) dobla el cabo de Buena Esperanza, en la punta meridional de África, y llega al océano Índico, donde las rutas costeras hacia el golfo Pérsico son frecuentadas por los árabes.

Llevados por los alisios en dirección norte-sur, los marinos portugueses no pueden volver a Europa más que alejándose del litoral africano a fin de encontrar en alta mar los vientos dominantes del Atlántico. Esta necesidad señala el comienzo de la navegación astronómica.

Desde fines del siglo XIII, los occidentales poseen la brújula (de la palabra italiana *bossola,* cajita que contiene la aguja imantada). Se fían, igualmente, de la estrella polar, pero ésta queda invisible en el hemisferio austral. Aprenden, pues, a calcular la latitud basándose en la posición del Sol por encima del horizonte y utilizan para ello unos instrumentos legados por la ciencia árabe, como el cuadrante, el astrolabio... Las primeras tablas de declinación solar aparecen a partir de 1483-1485. ¡Indispensable, pero muy pobre bagaje científico! Los navegantes del Renacimiento se fían, sobre todo, de su experiencia en el mar y de las cualidades de sus navíos para conquistar los océanos.

El astrolabio y el nocturlabio, con el mismo principio y el mismo origen oriental, permitía apuntar al Sol o a la estrella polar a través de las dos pínulas de una aguja (alidada) que se orientaba a voluntad sobre un círculo graduado. El ángulo formado por la dirección del astro y la línea del horizonte indicaba la latitud en grados.

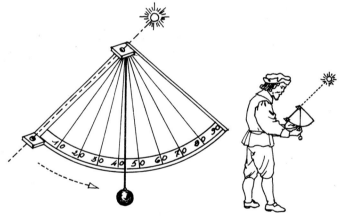

Con la ballesta y el bastón de Jacob, el marino medía la altura del Sol sobre el horizonte mediante un larguero que se deslizaba sobre una regla graduada. El desplazamiento del navío en dirección norte o sur se calculaba luego según unas tablas de declinación solar.

Desde mediados del siglo XV, la presencia de navíos portugueses en las costas de África da origen a unos bajorrelieves, donde se inscriben las características de las embarcaciones: los tres mástiles, un hueco y su escala de cuerda, sus anclas, así como un castillo de popa desde donde dirigía el capitán. (Bajorrelieve del museo de la isla de Gorea, frente a Dakar, do llegaron los hombres de Enrique el Navegante en 1446.)

Enrique el Navegante (1394-1460), hijo del rey Juan I, se apasionó por la exploración del Océano y por la búsqueda de una ruta hacia las Indias, que permitiera ocupar los territorios del islam. Metódicamente, lanzó navíos y marinos a descubrir las costas africanas. Llegaron a Madera en 1418, a las Azores en 1432, a Senegal en 1445, a Gambia en 1456. Pero Enrique no pudo, durante su vida, asistir al triunfo de sus intuiciones que tuvo lugar con el viaje de Vasco de Gama desde 1497 hasta 1499.

La carabela es el navío tipo de las exploraciones oceánicas puesto a punto por los constructores de Enrique el Navegante. Provista al principio de un solo mástil y de un velamen triangular sobre verga oblicua, gana barlovento eficazmente y maniobra bien. A mediados del siglo XV se adopta un segundo y después un tercer mástil, lo que repartió mejor las velas en la longitud del barco y permite a la fuerza del viento limitar el efecto de la deriva. Cristóbal Colón en la *Niña* adopta un aparejo mixto (velas cuadradas de origen nórdico para los vientos favorables, y velas triangulares atrás). La *Santa María,* aparejada de la misma manera, es un navío alto y está dotado con vastas bodegas: 25 m de largo, 8 m de ancho, 460 m² de velamen y 200 t de arqueo (1 t = 2,83 m³), con una tripulación compuesta por treinta y nueve hombres. La *Pinta,* la más pequeña y más rápida de la escuadra, estaba equipada únicamente con velas triangulares.

SOÑANDO CON LAS INDIAS

En 1485, el puerto de Sevilla es uno de los más activos de Occidente. A la colonia italiana, donde se codean banqueros, hombres de negocios y marinos, acaba de llegar un genovés llamado Cristóbal Colón, que busca ser recibido por Isabel la Católica, reina de Castilla. Como muchos espíritus aventureros de su época, tiene el proyecto de dirigirse a las Indias por el oeste a fin de evitar los intermediarios musulmanes. Pero no ha podido obtener el favor del rey Juan II de Portugal, demasiado preocupado con sus exploraciones africanas. Cristóbal Colón tiene entonces 34 años de edad. Ha navegado en el Mediterráneo y en el Atlántico, ha residido en Madera, conoce las rutas de Guinea y de las Azores. A pesar de sus orígenes modestos, ha aprendido el latín, la cosmografía y se ha iniciado en la cartografía portuguesa. Sin embargo, sus estimaciones sobre la distancia por correr no consiguen la unanimidad entre los eruditos de los medios allegados al rey y tiene que esperar varios años antes de obtener el consentimiento de Isabel. Deja España el 3 de agosto de 1492 con una flota de tres carabelas, provisto con cartas para el Gran Jan.

Helo aquí en adelante almirante de Castilla y virrey de las tierras por descubrir. Hace primero escala en las Canarias, después zarpa hacia lo desconocido el 6 de septiembre. En la noche del 11 al 12 de octubre es cuando el vigía de la *Pinta* divisa la primera tierra. Una tierra amable, poblada por indios benevolentes y completamente desnudos, a quienes las tripulaciones abordan al alba. Colón acaba de llegar a una isla de las Bahamas, a la que bautiza en seguida con el nombre de San Salvador. Desde entonces comienzan la exploración sistemática del archipiélago y la búsqueda febril del oro. En febrero de 1493, después de haber descubierto Cuba y la Española, regresa a España tomando la dirección norte para buscar los vientos dominantes del oeste, trazando así para tres siglos la ruta de regreso. Presenta a la corte seis indios, unos loros, un poco de oro y extraños objetos. Le colman de honores, le dan prisa para que vuelva a salir. Una segunda expedición que comprende diecisiete navíos se hace mar adentro en septiembre del mismo año y revela a Europa la existencia de Guadalupe, de Jamaica y de Puerto Rico. Pero la colonización resulta difícil: las relaciones con los indios se echan a perder y las fabulosas riquezas de las Indias no se encuentran...

A diferencia de los exploradores portugueses, Cristóbal Colón descubrió una tierra que no buscaba. Su proyecto de llegar a las Indias por el oeste no tenía nada de revolucionario y se apoyaba, ante todo, en dos datos: las descripciones de Marco Polo sobre la extensión de Asia hacia el este y los cálculos del geógrafo Pedro de Ailly (1350-1420) que estimaba la circunferencia de la Tierra muy por debajo de la realidad. Así pudo creer que la distancia entre Lisboa y Cipango (Japón) era de dos mil cuatrocientas millas marinas, aproximadamente. En esto contaba con el apoyo del eminente astrónomo florentino Toscanelli. Sus cuatro viajes sucesivos no parecen haberle convencido de su error. Desde agosto de 1492 hasta marzo de 1493 descubre San Salvador, Cuba y la Española; desde septiembre de 1493 hasta junio de 1496, Guadalupe, Puerto Rico, Jamaica. En 1498 explora la costa de América meridional y, desde 1502 hasta 1504, bordea la de América central y la de Honduras.

Numerosas islas de las Antillas y de los países de Iberoamérica deben su nombre a los navegantes de los siglos XV y XVI. Sólo a Cristóbal Colón se deben los nombres de Guadalupe (dedicado en su segundo viaje a Santa María de Guadalupe, venerada por los marinos) y de las islas Deseada, María-Galante, las Santas, San Martín, San Bartolomé (nombre de su hemano), Antigua, Dominica, San Vicente, Santa Lucía...

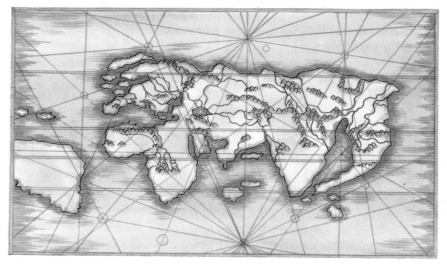

Treinta años separan a estos dos mapas, durante los cuales el continente descubierto por Cristóbal Colón recibe el nombre de América. Vuelto a Europa después de haber explorado la costa venezolana, Américo Vespucio transmitió sus observaciones al duque Renato de Lorena, el cual dio conocimiento de ellas a un círculo de eruditos de Saint-Dié, que editó un planisferio. Así se perpetuó el nombre de *América*.

El más antiguo de estos dos mapas, sacado de la crónica de Nuremberg, publicada en 1493, es una imagen del mundo precolombino realizado según la *Geografía* de Tolomeo. En el segundo, publicado en 1522, figura una parte del continente suramericano, así como algunas islas descubiertas por Colón. América del Norte no está representada en él.

Privado de salida hacia el Mediterráneo, Portugal ha concentrado su actividad marítima en el puerto de Lisboa, excelentemente situado en la desembocadura del Tajo. Lisboa goza en el siglo XV de extraordinaria prosperidad, gracias al tráfico del oro, de los esclavos y de las especias. A pesar de las actividades de la Casa de la India y del arsenal, la ciudad conserva en el siglo XVI un aspecto muy medieval. El terrible temblor de tierra de 1755 no dejó casi nada de esta ciudad, como nos la restablecen hoy algunos grabados o frescos del Renacimiento. Tienen el gran interés de mostrarnos también la variedad de navíos que atracaban en Lisboa: galeras, naves, carabelas.

EL NUEVO MAPA DEL MUNDO

En 1513, el español Vasco Núñez de Balboa, salido en busca del istmo de Panamá, se encuentra de repente detenido por un nuevo océano, al que bautiza más tarde con el nombre de «Pacífico», pues fue descubierto en época de bonanza. América, cuyos importantes recursos en metales preciosos se ignoran todavía, aparece entonces como un obstáculo entre Europa y Asia, y el deseo de trazar una ruta occidental hacia las Indias se vuelve más tenaz que nunca.

En busca del famoso paso a través del continente americano, Juan Caboto en 1497, por cuenta del rey de Inglaterra Enrique VII, el florentino Verrazano en 1524, diez años más tarde, Santiago Cartier, al servicio de Francisco I, exploran en vano las costas del Labrador y de Nueva Inglaterra. España lanza, igualmente, varias misiones en este sentido y es Magallanes quien tiene el mérito de haber abierto en 1520 la ruta del Pacífico. Aventurándose para completar la primera vuelta al mundo, realiza una de las mayores hazañas del Renacimiento. Magallanes, o más bien Fernão de Magalhães, noble portugués nacido en 1480, está acostumbrado a las grandes expediciones. Ha servido a la marina de su país en el Oriente Lejano antes de pasar al servicio de Carlos V, precedido por una reputación de excelente navegante. A la cabeza de cinco navíos españoles, el 20 de septiembre de 1519 consigue, tras largos meses de búsqueda, atravesar el estrecho que lleva su nombre, en el extremo meridional de América. Deja luego que las corrientes favorables le empujen a lo largo de las costas chilenas antes de afrontar la travesía del Pacífico. Tres meses y veinte días sin ver tierra, cuenta el italiano Pigafetta, a quien se debe el diario de a bordo de una odisea durante la cual la tripulación tuvo que comer tiras de cuero, pues las galletas no eran más que una «mezcla de polvo, de gusanos y de orines de ratón de un olor repelente». El 6 de marzo de 1521, Magallanes llega por fin a las islas de los Ladrones (Marianas), pero encuentra pronto la muerte, el 27 de abril, luchando contra los indígenas en la isla de Mactán, del archipiélago de las Filipinas. Ante sus compañeros se abre desde entonces un mundo conocido: las posesiones portuguesas de Oriente. Una de las dos naos supervivientes, la *Victoria,* regresa a Europa por el oeste y desembarca en España el 6 de septiembre de 1522 con una tripulación de diecinueve miembros.

Esta primera *circunnavegación* establece de forma definitiva que la tierra es redonda y mucho más vasta de lo que se había imaginado hasta entonces. Así, portugueses y españoles acaban de abrir unas vías marítimas que los ingleses, los franceses y los holandeses van pronto a recorrer a su vez.

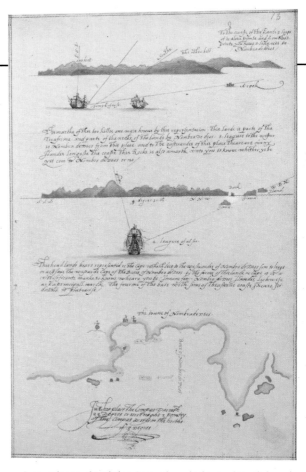

Los relatos de viajes han abundado en los siglos XV y XVI. Algunos son legendarios; otros, verídicos, como la *Relation Authentique* de Gonneville, marino de Honfleur desviado a la costa de Brasil en 1504. A fines del siglo XVI, las notas de viaje de sir Francis Drake (1540-1596), corsario inglés al servicio de Isabel I, muestran el interés primordial de tales testimonios: rumbos que seguir, mapas sumarios o croquis detallados, corrientes, consejos sobre el velamen que adoptar.

EL REPARTO DE LA TIERRA

A fines del siglo XV, los frecuentes viajes de exploración y la rivalidad entre portugueses y españoles en los mares del globo hicieron necesario un tratado. Negociado bajo la égida del papa Alejandro VI, fue firmado en Tordesillas el 7 de junio de 1494. El tratado fijaba la línea de demarcación que separaba las posesiones de los dos países a 370 leguas (unos 2 000 km) al oeste de las islas de Cabo Verde. Más allá los territorios de los españoles; más acá los de dominio portugués. Así, Brasil, descubierto por Cabral en 1500, se convierte en territorio portugués. El tratado de este reparto del mundo para siempre no pudo resistir la competencia de las nuevas potencias marítimas, como Francia, Inglaterra y Holanda.

teniente de navío y contramaestre

piloto cabo de la marina

capitán de navío

cirujano

En busca del famoso paso noroeste hacia China, Santiago Cartier (1494-1554) descubre la desembocadura del San Lorenzo. Pasa allí el invierno de 1535-1536 a bordo de *La Grande Hermine,* la mayor de sus naves, cuya sección figura aquí. Se encontraban incluso en los pañoles algunos animales vivos, para la carne fresca. En función de la longitud del trayecto, la nave podía embarcar hasta una tonelada de alimentos y de equipaje por cada hombre de la tripulación.

galletas

pólvora

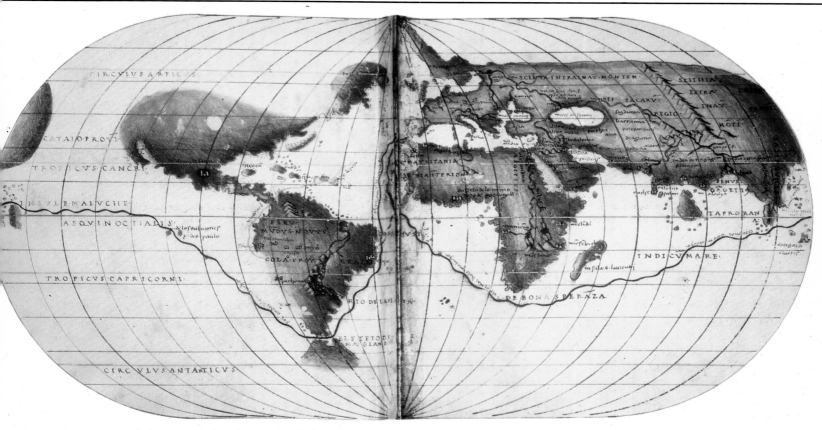

Sobre esta lámina de un atlas italiano figura el trazado del viaje de Magallanes alrededor del mundo, acabado por Juan Sebatián Elcano en 1522. Este itinerario fue inscrito en el mapa en 1543. Aunque reconoce ya bien los contornos de los continentes principales, se nota la ausencia de Australia y de los grandes archipiélagos del Pacífico Sur.

Enviado por Enrique IV tras las huellas de Santiago Cartier, Samuel Champlain (1567-1635) funda la primera colonia francesa del Canadá. Después de la tentativa fallida de colonización francesa en Florida por el protestante Juan Ribaut (1562), Canadá se convierte en el campo de expansión de la Francia católica, mientras que en Nueva Inglaterra se instalan los primeros puritanos que han huido de las persecuciones de la Iglesia anglicana.

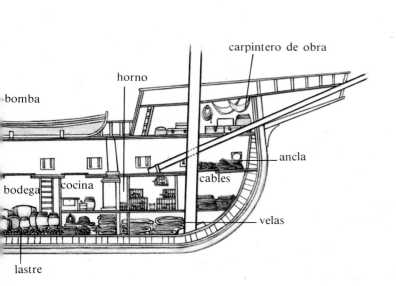

EL ANIQUILAMIENTO DE LOS INDIOS

Bartolomé de las Casas (1474-1566), hijo de uno de los primeros compañeros de Cristóbal Colón, se había establecido como propietario de una plantación en la Española (Haití) cuando abandona la idea de hacer fortuna para consagrar su vida a proteger a los indios de los perjuicios de la conquista.

A partir de su segundo viaje (1493-1496), Cristóbal Colón da lugar a todas las exacciones imponiendo un tributo en oro a los indios de más de 14 años. Pronto, el conjunto de la población antillana, mujeres incluidas, es empleado en la recolección del oro por el sistema de lavado. Las cadencias de trabajo, la brutalidad de los españoles, pero también el «choque microbiano» debido al encuentro de dos civilizaciones y a la importación masiva de ganado europeo en detrimento de los cultivos de plantas comestibles de los indios (mandioca, batata), traen aparejado un rápido despoblamiento de las islas. Hacia 1510, la producción antillana de oro se agota, a falta de mano de obra. Para paliar esta insuficiencia, se «importan» negros africanos que se consideran más resistentes. Estos primeros esclavos son desembarcados en Santo Domingo en 1510 y en Cuba en 1521.

En esta fecha, América se ha convertido en la base de una segunda ola de conquista. Hernán Cortés (1485-1547), movido por la pasión del oro y dotado de grandes cualidades de jefe militar, llega a la costa de Méjico en 1519 y no duda en quemar su flota para obligar a sus tropas, seiscientos soldados, a avanzar sin reparar en obstáculos. Se impone pronto al emperador azteca Moctezuma, que teme a estos dioses blancos y barbudos surgidos de una antigua leyenda para arrebatarle su imperio. La capital Tenochtitlán (Méjico) se rinde casa por casa el 15 de agosto de 1521, después de una espantosa carnicería. Desde la ciudad conquistada, Cortés se apodera de la altiplanicie mejicana y del Yucatán.

Es también la obsesión por el oro lo que conduce a Francisco Pizarro (1475-1541) hacia los tesoros del Imperio inca. Llega en 1532 a la corte del inca Atahualpa, a quien captura a traición. Después de haber cobrado un enorme rescate, hace estrangular a su prisionero y saquea la ciudad de Cuzco («ombligo del mundo», en quechua) que nada en el precioso metal...

Pero la intervención española no se limita a América central. La fiebre por el descubrimiento de metales preciosos ocasiona la conquista de Chile a partir de 1540; el descenso del Amazonas desde el Perú hasta su desembocadura, en 1541. Se fundan, asimismo, las ciudades de Santa Fe de Bogotá (1539); luego, Santiago de Chile (1540) y Buenos Aires (1580)...

UN PUEBLO EXTERMINADO

«De la gran tierra firme, nos hemos asegurado de que nuestros hermanos españoles, por sus crueldades y sus destrucciones, han despoblado y asolado hasta volverlos desiertos completamente mientras que estaban llenos de seres humanos (...). Podemos afirmar, sin apartarnos un ápice de la realidad, que durante estos cuarenta años las crueldades cometidas por los cristianos, contra toda justicia, han acarreado la muerte de más de doce millones de seres, hombres, mujeres y niños». (Bartolomé de las Casas, *Brevissima Relación de la Destrucción de las Indias* (1542). La acusación que este sacerdote dominico lanza contra los conquistadores es el testimonio más preciso sobre la suerte desgraciada de los indígenas del Nuevo Mundo durante la colonización.

Cuando llegaron los españoles, los aztecas dominaban el valle de Méjico y las planicies circundantes. Su religión consagrada al dios del Sol, Huitzilopochtli, les imponía sacrificios humanos. El odio que suscitaba este imperio guerrero y cruel entre los pueblos sometidos facilitó mucho la conquista de Hernán Cortés, asegurándole millares de aliados, ávidos de venganza.

LA MUERTE DE ATAHUALPA

«Enriquecido por el oro del rescate,
el español,
su corazón horrible devorado por el poder,
empujándose uno a otro,
con unos deseos cada vez más oscuros,
fiera enfurecida...
Tú les has dado todo lo que te han pedido,
tú les has colmado,
ellos te han asesinado, sin embargo.
El límpido y resplandeciente trono de oro
y tu cuna
y los vasos de oro puro,
se lo han repartido.
Bajo el imperio extranjero,
mártires amontonados, te destruyes,
perplejos, extraviados, la memoria negada,
solos...
sin saber hacia quién o hacia qué volvernos...
¿Tu corazón soportaría,
Inca,
nuestra vida errante,
dispersada,
por el peligro asediada,
entregada a las manos extranjeras, pisoteada?»
(Poema quechua).

Un documento indio de fines del siglo XVI, el *Codex* peruano de Guzmán Felipe Poma de Ayala, describe la conquista del Perú y tiene en cuenta los malos tratos infligidos a la población india: pesados tributos, trabajos forzados, evangelización por la violencia... eco de las descripciones indignadas de Bartolomé de las Casas que evaluaba en más de doce millones el número de indios víctimas de la conquista. El primer dibujo evoca la ejecución del último soberano inca, Atahualpa, en 1533. El otro muestra el trabajo forzado de las mujeres, a una de ellas manejando un telar bajo la despiadada férula de un monje español.

El maíz era el producto básico del alimento de los amerindios. Los europeos introdujeron su cultivo en el Antiguo Continente, de la misma forma que aclimataron en él la patata, el tomate y el tabaco, originarios de América.

Exactamente lo mismo que América central, América del Norte tuvo que sufrir la conquista europea. Pero no fue siempre fácil a los franceses o a los ingleses acabar con los pueblos nómadas o sedentarios. Entre éstos, los iroqueses, agrupados en aldeas rodeadas de altas empalizadas, fueron temibles adversarios.

RUTAS DEL ORO Y DE LAS ESPECIAS

En agosto de 1499, una noticia alarmante circula por Venecia: tres carabelas portuguesas habrían llegado a Adén (Yemen) y Calicut (hoy Kozhikode, en la India) por el océano Índico. Dos años más tarde, los barcos están de regreso en Lisboa con importantes cargamentos de especias. El mercado de Alejandría, punto de encuentro entre las galeras venecianas y las caravanas árabes, corre el riesgo de verse asfixiado. De hecho, los primeros años del siglo XVI señalan una neta recesión del comercio veneciano con Egipto, mientras que Portugal no cesa de extender su monopolio en los intercambios con Oriente. Los registros de la *Casa de la India,* encargada de administrar el comercio del océano Índico, dan testimonio de la intensa actividad de la marina portuguesa. Cada año, de quince a veinte navíos dejan las orillas del Tajo para un periplo de dos a cinco años, según su destino. La importancia de los cargamentos llega a los cuarenta mil quintales cada año (2/3 de los cuales de pimienta) en 1520. La importación de tales cantidades de especias a precios muy bajos trastorna el mercado europeo.

Tanto si sigue la vía mediterránea como la ruta oceánica, el comercio con Oriente ha provocado siempre en Europa un déficit importante y una fuga continua de monedas de oro y de plata hacia los países de Levante. La plata de Bohemia y del Tirol, el oro del Sudán encaminado a través del Sáhara desde la Edad Media no son suficientes para la demanda. La explotación por los portugueses de los yacimientos auríferos de Guinea disminuye a partir de 1520, sustituida por la aportación de metales preciosos españoles. Sevilla, en el siglo XVI, hace que afluya hacia Europa el producto de las minas del Nuevo Mundo. Tras las primeras llegadas, debidas a los recursos antillanos (alrededor de una tonelada por año) y al pillaje en la ciudad de Cuzco, las importaciones culminan entre 1550 y 1560: cuarenta y dos toneladas de oro por trescientas toneladas de plata. El aflujo de metal blanco, alimentado por las minas de Méjico, llega a las doscientas toneladas anuales a fines del siglo. Estos metales preciosos no quedan en España, sino que se dirigen a los bancos italianos y flamencos, se distribuyen a través de Occidente, participan al mismo tiempo en la inflación y en el desarrollo económico de Europa.

La mirística, arbusto de Indonesia, produce una nuez moscada del tamaño de una aceituna gordal. Muy buscada, como la pimienta y la canela, era una de las especias más caras, la que ofrecía los mejores beneficios para los armadores de los puertos del Atlántico.

A partir del siglo XVI, algunos puertos de China, como Macao, son frecuentados por los navíos europeos. La clientela occidental se muestra particularmente sensible a las porcelanas chinas y a las formas de elegante finura. En los siglos siguientes, la atracción por el Oriente Lejano se convierte en verdadera pasión y no hay castillo europeo que no posea aún hoy vasos chinos u objetos de marfil originarios del Japón.

Las minas del Perú han permitido a España acuñar piezas de oro de muy buena ley. En una de las caras figura el blasón del reino con el león de la provincia de León y el castillo de Castilla. En la otra aparecen las armas de las diferentes posesiones históricas de los Habsburgo: Aragón, Nápoles y Sicilia, Granada, Borgoña, Austria, Países Bajos, Tirol y Flandes.

Pocas máscaras, como ésta de la cultura chimu, nos han llegado de las antiguas civilizaciones de América. La mayor parte ha sido fundida por el conquistador español para convertirla en lingotes. Según la opinión de los conquistadores, fascinados por las riquezas del Perú, algunos vasos de oro y de plata eran lo suficientemente altos y ventrudos como para contener un buey descuartizado.

Mientras que el comercio de la pimienta y de las especias convertía al rey de Portugal en el más rico «especiero» de Europa, el descubrimiento por los españoles de las minas de Potosí, en Perú, permitía al rey de España convertirse en el gran «platero». La puesta en explotación inmediata de las minas necesitó numerosos indios que se agotaron en el trabajo. Murieron por millares en las minas: este grabado del siglo XVI nos da una idea. Cada año, dos flotas cargadas con plata se dirigen hacia Sevilla, en convoyes bien protegidos. Los lingotes eran llevados luego a la Casa de la Moneda, después de haber descontado la parte del rey, el *quinto real*.

LAS SUCURSALES BANCARIAS

Al lado del aventurero que surca los mares en busca de mundos por conquistar y de mercados por explotar, aparece la nueva figura del hombre de negocios. Sin dejar el antiguo continente, vive a escala mundial, participa activamente en el desarrollo de la economía europea y pone su riqueza al servicio de los príncipes.

Los grandes burgueses de los siglos XV y XVI que llegan a la cumbre de la fortuna y de los honores son, al mismo tiempo, negociantes, banqueros, grandes industriales y grandes hacendados. Como Juan Ango, de Dieppe, o los Welser, de Augsburgo, arman navíos para travesías lejanas, fundan factorías en el extranjero, pero ya no se embarcan con sus mercancías. Crean asociaciones de mercaderes y protegen el cargamento por medio de contratos de seguros, una de las innovaciones de esta época. En el siglo XV, el negociante ya no viaja de feria en feria, con su oro escondido en las alforjas, como los mercaderes de la Edad Media. Convertido en sedentario, posee sucursales en las principales plazas financieras (Brujas, Amberes, Lyon, Londres, Barcelona...) y hace circular sus capitales por medio de letras de cambio. Esta forma de pago, inventada por los italianos a fines de la Edad Media, permite evitar el transporte de numerario y efectuar los pagos con monedas extranjeras. Detrás de las operaciones de cambio a un precio elevado (8 a 12 %) se ocultan ingeniosamente unos préstamos con interés que condena la Iglesia. Estas prácticas bancarias hacen fructificar el dinero colocado en depósito, pero exigen un perfecto conocimiento de los cambios vigentes. Los banqueros tienen la costumbre de situar a uno de sus representantes en los medios allegados a los príncipes. Así es como Tomás Portinari, director de la filial de los Médicis en Brujas, se convierte en uno de los consejeros más escuchados del duque de Borgoña, Carlos el Temerario, al que concede préstamos importantes. En Londres, los Médicis prestan al rey de Inglaterra; los banqueros de Lyon mantienen el tren de vida fastuoso de Francisco I. En Alemania, Jacob Fugger es el principal apoyo de la política imperial: Carlos V le debe la financiación de su elección al trono del Sacro Imperio romano-germánico y la de su victoria de Pavía. Pero la inmensa fortuna de «Jacob el Rico» no resiste a la crisis financiera de 1557... dejando que los banqueros genoveses se conviertan en los amos del tráfico monetario europeo.

Venecia

donante (o librador)

comprador

recadero

librado

beneficiario

Brujas

Del siglo XII al siglo XIII, sólo las escrituras notariales permiten las transacciones monetarias. Poco a poco son remplazadas por la letra de cambio, que facilita los pagos a distancia y las operaciones de cambio. Pone en juego a cuatro personajes: el librador, por ejemplo en Venecia, debe tal suma a un beneficiario, por ejemplo en Brujas. Entrega el contravalor en moneda veneciana a un comprador, por ejemplo la filial Médicis en Venecia, que contacta entonces con un librado, la filial Médicis en Brujas. El beneficiario cobra la suma en moneda de Brujas.

Alejadas sus plazas unas de otras, permiten al cambista bien informado especular con los cambios.

Una fecha de vencimiento, el vencimiento, está generalmente prevista en la letra. Podía ser de 30 días entre Brujas y Barcelona, dos meses entre Brujas e Italia, tres entre Londres e Italia.

ACREEDOR DE LOS PRÍNCIPES

Jacob Fugger (1459-1525) entra en 1473 en el opulento negocio que su familia tiene en Augsburgo desde hace varias generaciones. Comienza por negociar especias y sederías importadas de Venecia; después, en 1487, la explotación de las minas de cobre y de plata de Europa central, base de su inmensa fortuna. En 1519 suminista él solo el 63 % de los mil doscientos kilos de oro necesarios para que Carlos de Habsburgo sea elegido emperador; suma cuya totalidad no recuperará jamás.

Entre sus múltiples ocupaciones, Jacob Fugger creó en Augsburgo una «ciudad obrera» de viviendas de alquiler simbólico, para los habitantes más pobres de la ciudad. Tenía también la intención de fundar un establecimiento que distribuyera centeno por una suma insignificante. Los edificios de la *Fuggerei* existen aún en Augsburgo y constituyen un buen ejemplo de la arquitectura civil del siglo XVI en los países germánicos.

Las actividades de los banqueros pueden ser clásicas, como la especulación sobre los cambios y los préstamos a particulares y a los soberanos. Muchos invierten también en el comercio interior o marítimo, la explotación de las minas. Así, Jacob II Fugger (1459-1525) se asoció con el polaco Juan Thurzo para explotar el cobre y la plata de Neushol, en la actual Eslovaquia.

FLORENCIA Y EL MAGNÍFICO

De este retrato de Lorenzo de Médicis, realizado por Vasari (1511-1574), emana el encanto de quien, «magnífico» por su espíritu, su aspecto... y su largueza, sigue siendo el modelo de los príncipes del Renacimiento.

El 7 de febrero de 1469, los florentinos se apretujan en la plaza Santa Croce para asistir a un torneo grandioso. Lorenzo de Médicis, al que se llama ya «el Magnífico», forma parte de los justadores. Tiene 20 años. En el estandarte del joven jinete, el artista Verrocchio ha pintado los laureles de la gloria y la divisa: «Vuelve el tiempo». Tiempo de placeres y de fiestas, renacimiento del arte y del pensamiento antiguo, culto a la juventud y a la belleza... El que lleva esta divisa prometedora es el nuevo amo de Florencia y encarna por sí mismo el período más prestigioso de la historia florentina. Cuando Lorenzo toma el poder a continuación de su abuelo Cosme de Médicis, y después de su padre, Florencia es una ciudad rica que comercia con el mundo entero. Debe su prosperidad a las manufacturas textiles, donde se apresta el paño bruto venido de Flandes para revenderlo luego a precio de oro. Entre los veintiún gremios (los *Arti*) censados en Florencia, uno de los más influyentes es el de *Calimala,* del nombre de la calle donde se agrupan los talleres, que conserva celosamente el secreto de este afinado textil.

Lorenzo, que ha crecido en la corriente humanista del siglo XV, se mete poco en los intereses económicos de los Médicis y se dedica más a mantener la paz entre las ciudades italianas a la vez que cultiva las artes y las letras. En Florencia, donde las bibliotecas se abren al público, los Médicis dan el tono de la renovación intelectual manteniendo el círculo brillante de la Academia platónica, que intenta conciliar las ideas del filósofo griego Platón y el pensamiento cristiano bajo la dirección de dos espíritus destacables: Marsilio Ficino y Pico de la Mirándola.

Pero otra moral se alza pronto contra el humanismo: la que profesa el prior del convento de San Marcos, Jerónimo Savonarola (1452-1498). Sus predicaciones vehementes exhortan al ascetismo y a la pureza de una Iglesia que debe romper con todos los placeres a la espera del Juicio final. Para el carnaval de 1497 enciende una «hoguera de vanidad», donde los *piagnoni* («plañideros», sus partidarios) arrojan mezclados las obras de arte paganas, las joyas, los perfumes... Un año más tarde, Florencia, que vuelve a ser la ciudad-símbolo del arte y del gusto por la vida, levanta por mano de los *arrabiati* (los «rabiosos» que le eran hostiles) otra hoguera para este prior herético y dos de sus discípulos...

LA CONJURACIÓN DE LOS PAZZI

Un complot contra los Médicis, dirigido por los Pazzi y apoyado por el papa, fracasa por poco el 28 de abril de 1478. Julián de Médicis encuentra en él la muerte, mientras que su hermano Lorenzo, herido, consigue huir. Su represión es sangrienta: hace colgar a los dirigentes y condena al exilio a sus familiares, con gran cólera de Sixto IV, que responde con la excomunión y creando una coalición de ciudades italianas contra Florencia. Con ocasión de la ejecución de los conspiradores es cuando Leonardo recibe su primer encargo: dibujar a Bardi, asesino de Julián, balanceándose en el extremo de una cuerda.

Diezmada por la peste negra a mediados del siglo XIV, en que la ciudad pierde tal vez la mitad de sus 110000 habitantes, Florencia cuenta con alrededor de 60000 en el siglo XVI. A pesar de esta crisis demográfica, sigue siendo una de las principales plazas bancarias de Europa y una de las capitales artísticas del Renacimiento. Rodeada de murallas, dominada por la cúpula de la catedral y por la torre del palacio de la Señoría, su panorama descubre los campanarios de numerosas iglesias donde se guardan las obras maestras de Fra Angelico, Masaccio, Ghirlandaio y Giotto.

Lucas y Andrés della Robbia se hicieron ilustres en el siglo XV por la creación de numerosas terracotas esmaltadas cuyo secreto guardaban. En unos medallones policromos enmarcados por guirnaldas de frutos y de flores, esculpían escenas religiosas, como esta Virgen con el Niño. Sus obras, numerosas en Toscana, son particularmente admirables en Pistoya y en Florencia.

EL ESPEJISMO ITALIANO

Secretario de la Cancillería de Florencia después de la caída de Savonarola, y encargado de misiones diplomáticas dirigidas a las ciudades italianas y a los soberanos extranjeros, Nicolás Maquiavelo observa con agudeza la situación política de Italia, mosaico de pequeños principados que gravitan alrededor de algunas ciudades-faro donde reinan familias ilustres, dinastías de condotieros y banqueros... A veces amigos y a veces enemigos, unidos por alianzas matrimoniales, los Gonzaga de Mantua, los Este de Ferrara, los Visconti y luego los Sforza en Milán, los Montefeltro en Urbino, rivalizan por las armas y por el brillo de su corte. En esta Italia dividida, en que abundan las universidades y las academias prestigiosas, los artistas ofrecen su talento al mejor postor. Leonardo de Vinci reside en Milán, Mantegna se queda en Mantua. En Ferrara, los duques de Este acogen al poeta Ariosto (1474-1533) y al francés Clemente Marot (1496-1544), entonces exiliado...

La Florencia de los Médicis, capital del Renacimiento italiano del siglo XV, pretende serlo también del equilibrio político. Desea mantener la paz de Lodi, que le une desde 1454 a Venecia, Milán y Roma. Según Maquiavelo, en el Estado pontificio es donde hay que buscar el origen de tantos desórdenes: demasiado poco poderoso e insuficientemente armado para conseguir él mismo la unidad, pero celoso de todo Estado que podría lograrla a sus expensas, el papa negocia, intriga, promete y no cumple... A fin de solucionar sus conflictos, las facciones rivales recurren a las armas extranjeras y abren sus ciudades a los soberanos europeos, todos los cuales tienen intereses en la península. Así, España tiene Nápoles, codiciada por el rey de Francia Luis XII. Descendiente de los Visconti, éste reivindica igualmente el Milanesado, donde choca con el emperador de Alemania a quien corresponde, según la tradición, la corona de Lombardía. Durante medio siglo, Italia se convierte en el campo de batalla de Europa y en la presa de mercenarios de toda especie. Ávidos de riquezas, deslumbrados por la profusión de belleza y de refinamiento que se les ofrece, los «bárbaros» del norte destruyen, roban y saquean, aunque tomando el Renacimiento italiano por modelo.

Los príncipes de la familia de Este, en Ferrara, son los más refinados en la vida cortesana. Son tenidos también por unos de los mecenas más importantes, que sirven de modelo a estas palabras de Benvenuto Cellini: «No sé si el placer es mayor para el príncipe que encuentra a un hombre según su corazón o para el artista que encuentra a un príncipe dispuesto a suministrarle los medios para proseguir su obra.»

EL SUEÑO DE LA UNIDAD ITALIANA

Con frecuencia, la posteridad no ha querido retener de Maquiavelo (1469-1527) más que la imagen del teórico de una política astuta. De hecho, el autor de *El príncipe* (1531) tenía profundos sentimientos patrióticos y soñaba con una Italia «unida, laica y armada», a imagen de la Roma antigua, que había estudiado, y dirigida por un príncipe que supiera reunir las fuerzas divergentes de la península para liberarla de los «bárbaros». Por eso se fijó en César Borgia; después, en los hijos de la familia Médicis.

El campo de batalla de Europa.

La guerra en Italia está dirigida a menudo por tropas de mercenarios que combaten a las órdenes de *condottieri* que están también al servicio del mejor postor. Pero, dependiendo cada uno de estos jefes guerreros de sus hombres, evita las batallas demasiado sangrientas. La irrupción de los ejércitos que están a sueldo de Francia y de España durante las guerras de Italia (1494-1559) cambia esta manera de enfocar los choques, desde entonces mucho más violentos.

Bartolomé Colleoni, nacido en 1400, fue uno de los grandes *condottieri* del siglo XV. Permaneció casi toda su vida al servicio de Venecia, cuyo ejército dirigió desde 1454 hasta su muerte en 1475. La ciudad, a la cual dejó cien mil ducados, hizo esculpir en su memoria una gran estatua ecuestre que vela desde hace cinco siglos sobre el *Campo San Giovanni e Paolo* de la ciudad de los Dux.

Al comienzo del siglo XVI, los Estados dan una importancia cada vez mayor a las musas de todas las artes y a la música en particular. Se concretan la teoría y la notación musical. El impresor veneciano Petrucci es el primero en imprimir, en 1501, un libro de misas de Josquin des Prés (1440-1521), a quien Lutero rendirá homenaje: «Los músicos hacen lo que pueden con las notas, Josquin hace con ellas lo que quiere.» Pero el renacimiento musical se expresa ante todo por medio del canto, influido por la Pléyade en Francia, mientras que en Italia el humanista francés Baïf crea una academia muy concurrida. La unión de la música y de la palabra la hace duradera el *madrigal,* que se propaga por Europa. En esta época se funda en Cremona, por iniciativa de Amati (1535-1612), una escuela de laúd que promete.

LEONARDO DE VINCI

Solicitando en 1482 una plaza en la corte de Milán, Leonardo, con treinta años de edad, se dirige en estos términos al duque Ludovico Sforza, llamado el Moro: «Sé desviar el agua del foso de una plaza que se asedia... Conozco procedimientos que permiten destruir cualquier fortaleza... Sé construir bombardas que se desplazan fácilmente... coches cubiertos, inatacables y seguros, armados con cañones... y si el combate tiene que ser en el mar, tengo numerosos artefactos muy potentes para atacar y defender, navíos que resisten al fuego más graneado... En tiempo de paz puedo igualar a cualquier arquitecto construyendo monumentos privados o públicos...» y termina evocando su talento como escultor y como pintor. Técnico, ingeniero, anatomista, arquitecto, estratega militar, artista, estas capacidades y las aproximadamente siete mil páginas de notas suyas conservadas han bastado para crear una leyenda de precursor incomparable, de sabio universal, más allá de los siglos. Pero Leonardo es un espíritu de su tiempo. Pertenece a esa casta de técnicos polivalentes italianos y alemanes, entre los cuales se encuentra el pintor y grabador Alberto Durero (1471-1528), autor de un tratado muy apreciado sobre *El arte de fortificar las ciudades y las ciudadelas* (1527). Leonardo no es el único. Sin embargo, su extraordinaria curiosidad científica le lleva hacia campos tan diferentes como el armamento, los sistemas hidráulicos, la anatomía del cuerpo humano o la preparación de los colores y de los barnices.

El italiano Vasari (1511-1574) cuenta en su *Vida de Leonardo* cómo el joven, aprendiz en el taller de Verrocchio, en Florencia, pintó una cabeza de ángel con tal perfección que el maestro habría jurado no tocar ya más un pincel. Piadosa leyenda, reveladora de la impresión que tienen los contemporáneos de Leonardo de convivir con un genio. Él mismo, por su personalidad compleja, su insaciable necesidad de aprender y sus extravagancias, mantiene una reputación de hombre fuera de lo común. Después de haber trabajado en Florencia, Milán y Roma, termina por seguir al que, en Francia, siente admiración extrema hacia él: Francisco I. La casa solariega de Clos-Lucé, en Amboise, es su último domicilio. En ella muere, en 1519, y había guardado siempre cerca de él el retrato de Mona Lisa (mujer del marqués del Giocondo, de donde le viene su nombre de *Gioconda*).

En los autorretratos que figuran en sus libretas de notas, Leonardo ha querido dejarnos de sí mismo la imagen de un sabio con barba blanca y con larga cabellera. En perpetua búsqueda, fascinado por las ciencias, las artes y las técnicas, dispersó su genio por todas las facetas de la inteligencia humana.

LOS INGENIEROS DEL RENACIMIENTO

Para el hombre del Renacimiento, la naturaleza representa un inagotable campo de experimentaciones. Explorar, observar y comprender, curar, inventar, construir, mecanizar... palabras clave que reúnen a artistas, técnicos, universitarios y eruditos. Tres descubrimientos fundamentales señalan el comienzo de este período: la fundición, que dio pronto lugar al acero; el juego delantero móvil, fuente de progresos en materia de transporte, y, sobre todo, la biela-manivela, que al permitir transformar un movimiento circular continuo en un movimiento vertical alternativo, o a la inversa, es el origen de todo maquinismo. Más teóricos que realizadores, los «ingenieros» de esta época se reagrupan en dos focos: la escuela alemana, siguiendo las huellas de Konrad Kyeser, ha multiplicado los tratados de arte militar y de metalurgia. Menos empírica, la escuela italiana, en la que brillan Brunelleschi, Alberti, Giuliano de San Gallo, Leonardo de Vinci...

Zurdo, Leonardo adquirió muy pronto la costumbre de invertir el sentido de la escritura, con la mira puesta en redactar y releerse más fácilmente (y no para guardar el secreto de sus investigaciones). Para descifrar su firma, basta con mirarla en un espejo, donde se descubre: «Io Leonardo da Vinci» («Yo Leonardo de Vinci»).

Leonardo dejó inacabados muchos de sus cuadros.
Así, en 1506-1510, esta *Virgen y el Niño con
Santa Ana* (museo del Louvre, París), donde se
nota, sin embargo, todo lo que constituye el estilo
del pintor: paisajes atormentados y efectos de
bruma en segundo plano (el *sfumato*), expresión
de los rostros, dominio de la composición, gama
particular de colores. Parece que Leonardo dejó
inacabado este cuadro porque, lleno de súbito
interés por las matemáticas, dejó sus pinceles
en beneficio del cálculo y de la geometría.

Muchos dibujos del maestro están
consagrados al arte de la guerra y a
proyectos de armamentos nuevos. Volviendo
a una idea ya conocida en la Edad Media,
concibió un carro pesado, de forma circular,
con una dotación de ocho hombres que con
manivelas accionaban unos engranajes unidos
a las ruedas. Igualmente pensó en un modo
de propulsión de vela y en la sustitución de
los hombres por los caballos. Una maqueta
del proyecto ha sido recientemente realizada
en la casa solariega de Clos-Lucé (Indre-et-
Loire) en la antigua residencia de Leonardo,
hoy transformada en museo.

A su muerte, Leonardo de Vinci
dejaba cerca de quince mil páginas
de notas, dibujos, planos de
máquinas, tratados científicos.
Siete mil de ellas han llegado hasta
nosotros. Se encuentran en ellas
croquis de anatomía, esbozos de
artefactos de guerra, estudios de
máquinas textiles y de ideas sobre
inventos, como la de una máquina
voladora accionada por energía
humana que se ve en proyecto en
las hojas adjuntas. (Biblioteca del
Instituto, París).

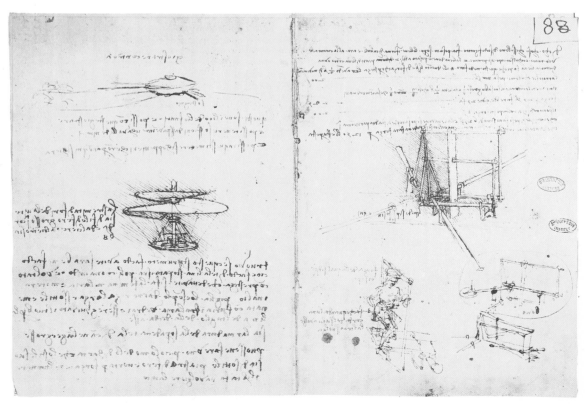

ROMA

A comienzos del siglo XV, Roma ya no es la prestigiosa capital de la cristiandad de la Edad Media. El Gran Cisma (1378-1417) de la Iglesia ha alejado a los papas, dejando la ciudad en manos de facciones rivales, los Colonna y los Orsini, que se destrozan mutuamente. Cuando el papa Eugenio IV quiere volver al Vaticano, en 1443, encuentra una «capital de barro» en la que pacen los rebaños. Medio siglo más tarde, bajo la influencia de algunos papas destacables, la Ciudad Eterna se ha cubierto de mármol y acoge a los más grandes artistas. Sixto IV (1471-1484) escribe en 1473: «Si hay una ciudad en el mundo que deba brillar (...), es ante todo la que por el honor de poseer la cátedra de san Pedro está situada en primera fila.» En su sobrino, el papa Julio II (1503-1513), es en quien recae la gloria de realizar plenamente este designio ambicioso. Además de trabajos de urbanización y de saneamiento, este mecenas ilustrado emprende la construcción de la basílica de San Pedro y asegura los servicios de tres artistas geniales: el arquitecto Bramante, el escultor Miguel Ángel y el pintor Rafael, a quien nombra director de las excavaciones y maestro de ceremonias de las fiestas. Más letrado que constructor, su sucesor, León X, hijo de Lorenzo de Médicis, desarrolla la cultura griega y hace que el teatro reviva. Convertida en centro de la arqueología antigua, luego en capital del arte y del humanismo, después de Florencia, cuyo brillo se apaga, Roma es también, en términos del Magnífico, el «lugar de cita de todos los vicios». En la corte del Vaticano, las fiestas, los banquetes, los jubileos se suceden en una atmósfera de intrigas y de desenfreno. Los papas salidos de las familias principescas italianas (Farnesio, Borgia, Médicis...) se rodean de un ejército de favoritos que aspiran a los más altos puestos de la Iglesia, dedicándose más a los negocios temporales que a la dirección espiritual de la cristiandad. Así, Julio II, en su vejez, no duda en marchar a la guerra contra el invasor francés con la fogosidad de un joven caballero, mientras que Clemente VII, algunos años más tarde, prefiere pactar con Francisco I contra el Imperio. La respuesta de Carlos V es entonces terrible. Sus mercenarios entran en Roma el 6 de mayo de 1527 e, impulsados por sus jefes luteranos, saquean y matan con inaudita brutalidad.

La Villa Giulia fue construida en Roma en 1551-1553 por el papa Julio II. Residencia de verano del soberano pontífice, simboliza un placer de vivir particularmente sensible en el lugar consagrado a las ninfas, que tiene en su centro una fuente rodeada por un balcón sostenido por unas cariátides.

JULIO II

Giuliano della Rovere, nacido en 1443, fue elegido papa en 1503 y tomó el nombre de Julio II. Poco se preocupó de las reformas de la Iglesia, pero convirtió a Roma en una capital artística donde trabajaban los más grandes artistas de su tiempo: Miguel Ángel, Rafael y Bramante. Puso, en 1506, la primera piedra de la nueva basílica de San Pedro, cuyo coste hizo necesaria la campaña de las indulgencias que escandalizó tanto, años más tarde, a Martín Lutero...

Como muchos otros soberanos europeos, el papado empleaba a mercenarios suizos. Con Julio II, sus uniformes de guerra y de gala fueron diseñados por el pintor Rafael.

El cardenal Farnesio, que se convirtió en papa con el nombre de Paulo II, hizo emprender en 1514 la construcción de un palacio majestuoso del que Miguel Ángel fue uno de los arquitectos. Levantado en una plaza de Roma, no lejos del Tíber, este edificio evoca más bien una fortaleza preparada para resistir a todos los asaltos. Es cierto que la población romana tenía la reputación de ser particularmente turbulenta...

EL SAQUEO DE ROMA

Año 1527: a la cabeza de un inmenso ejército, el condestable de Borbón, aliado de Carlos V, marcha contra Roma. El papa se encierra con sus cardenales en el castillo de Sant'Angelo y deja la ciudad en manos de los mercenarios alemanes, cuya furia es atizada por los capitanes luteranos, venidos a castigar a la «nueva Babilonia». Ocho días de horror, de matanzas y de pillaje. La Capilla Sixtina es transformada en cuadra, mientras que el Tíber arrastra cadáveres. Este trágico episodio señala el fin de la primacía artística italiana. Si Roma continúa siendo la suntuosa capital de los papas, los focos creadores del Renacimiento se han desplazado hacia el norte. Poco después, Erasmo escribe en un panfleto titulado *Ciceronianus:* «Hoy, un ciudadano romano es menos que un ciudadano de Basilea.»

El 18 de abril de 1506, el papa Julio II pone la primera piedra de una nueva basílica en el emplazamiento de la erigida por el emperador Constantino donde había tenido lugar la crucifixión de san Pedro. Los trabajos duraron más de un siglo y comenzaron con la erección de enormes pilares destinados a sostener una cúpula de ciento veinte metros de altura. La fachada del antiguo edificio fue a continuación destruida para dejar paso a una nueva construcción.

MIGUEL ÁNGEL BUONARROTI

Entre los frescos se sitúan los *Ignudi,* cuya función ornamental acentúa la fuerza dramática del conjunto.

E l año en que se quema a Savonarola en Florencia, 1498, un joven llamado Michelangelo Buonarroti, huyendo de Toscana, donde reina la inseguridad, se refugia en Roma y esculpe su primera gran obra: una *Pietà* encargada por un cardenal francés. Curiosa y maravillosa imagen esta Virgen de rostro sorprendentemente joven inclinada sobre Cristo. La reputación de Miguel Ángel está conseguida: este artista, del que la posteridad no retendrá más que el nombre, choca y fascina a la vez. «Avanza solo en unos caminos no abiertos», como escribe él mismo al final de su soneto. Crea un arte nuevo, inspirado en el antiguo, pero que expresa las angustias de su espíritu atormentado.

Miguel Ángel tiene 13 años en 1488, cuando su padre lo coloca como aprendiz en Florencia en el taller del pintor Ghirlandaio. Muy pronto abandona la pintura y luego vuelve a ella para someterse a la voluntad del papa Julio, que le encarga en 1508 la decoración del techo de la Capilla Sixtina: quinientos veinte metros cuadrados de frescos, ordenados en nueve cuadros que evocan la creación del mundo. Durante cuatro años, el artista se encierra y rehúsa abrir a cualquiera antes de acabar su obra. «El lugar no valía nada», dice bajando agotado de los andamios. Aclamado por los romanos, Miguel Ángel es cubierto de gloria y está más solo que nunca. A pesar de la rivalidad entre Rafael y Bramante, continúa trabajando para los papas. Esculpe un Moisés majestuoso para la tumba de Julio II que, sin embargo, no sería terminada nunca. Después de Bramante se hace arquitecto al servicio de la grandeza de Roma y levanta la cúpula de la basílica de San Pedro. Esculpe hasta el final de sus días y, cuando muere en 1564, deja inacabada otra Pietà, la *Rondanini,* en la que la Virgen, agobiada de dolor, se dobla bajo el peso del cuerpo de su hijo.

Mientras que romanos y florentinos se disputan el honor de conservar sus restos mortales, ¿quién se ocupa de respetar el deseo del genio solitario, que había escrito algunos años antes sobre una estatua de *La noche* esculpida para la tumba de Julián de Médicis: «Me es dulce dormir y más todavía ser de mármol. No ver, no sentir es una dicha en este tiempo de oprobio y de vergüenza. No me despiertes, te lo suplico...»?

El mármol de la región de Carrara, al norte de Toscana, no lejos de la costa mediterránea, tenía fama de ser el más bello de Italia. En abril de 1505, Miguel Ángel elige allí el mármol necesario para la realización de la tumba de Julio II que acababa de emprender. Permaneció allí más de ocho meses, con dos obreros, pensando incluso en esculpir una peña gigantesca que dominaba el mar.

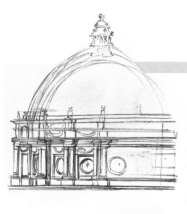

MIGUEL ÁNGEL ARQUITECTO

Bernini (1598-1680), continuador de la obra de Miguel Ángel en San Pedro de Roma, decía de él: «Gran pintor y gran escultor, pero divino arquitecto porque la arquitectura está toda en el dibujo.» En 1547 es nombrado arquitecto de San Pedro de Roma, donde los pilares de la cúpula esperan desde la muerte de Bramante (1514). Miguel Ángel vuelve al plano central en forma de cruz griega, suprime los campanarios previstos en cada fachada para dar más impulso a su cúpula. Se le confía la reparación de la plaza del Capitolio, donde crea un efecto de perspectiva sorprendente.

En el techo de la Capilla Sixtina, Miguel Ángel pintó escenas del Antiguo Testamento, como ésta del Diluvio, donde los elementos desencadenados dislocan la humanidad viviente en un torbellino de viento y de agua.

Acabado en 1515 o 1516, el *Moisés* esculpido por Miguel Ángel, y destinado a la tumba de Julio II, representa al profeta de los hebreos con las tablas de la Ley. Expresa una pureza que debía inspirar amor y terror. El pintor Vasari escribió: «Miguel Ángel ha expresado en el mármol la divinidad que Dios ha infundido en Moisés... Más que nunca, Moisés merece ser llamado el amigo de Dios.»

LAS GALERAS DE VENECIA

A comienzos del siglo XV, el Imperio veneciano forma una cadena de factorías hábilmente repartidas a lo largo de grandes ejes comerciales y se extiende hasta los confines del Mediterráneo oriental. Venecia, en la cima de su poder, asegura su dominio en tierra firme anexionándose Verona, Padua, Bérgamo y el Friul que le abren nuevos mercados. Con unos 150 000 habitantes, dispone de una renta que se aproxima a la del reino de Francia. El enviado de Carlos VIII, Felipe de Commynes, no se equivoca al anotar en sus *Memorias:* «Es la ciudad más triunfante que jamás he visto...» Es cierto que la ciudad ha cambiado de aspecto y en todas partes la piedra, traída desde Istria con grandes gastos, sustituye a la madera. A lo largo del Gran Canal se levantan unos palacios con fachadas de mármol. La de la hospedería de los mercaderes alemanes (el Fondaco dei Tedeschi) recibe un decorado pintado por Giorgione y Tiziano. Después de haber coleccionado las obras de arte bizantinas, la República de Venecia se abre al espíritu nuevo venido de Florencia...

Detrás del nombre de «República Serenísima» se esconde, en realidad, un gobierno oligárquico, en el que el pueblo ya no es nada, y que controla firmemente todos los aspectos de la vida económica, en primer lugar la flota mercante. Al lado de la marina privada que arma grandes buques para el transporte de los productos pesados (trigo, vino, alumbre...), el Estado posee sus propias galeras, que viajan en convoyes (las *mudae*) por unas líneas regulares y no temen ya enfrentarse con el invierno. El conjunto de la flota veneciana sale de los astilleros del Arsenal, gigantesca fábrica fundada en 1104, ampliada en el siglo XIV y donde se apresuran miles de asalariados, carpinteros de armar, aserradores, calafateadores a quienes la campana de San Marcos llama cada día al trabajo. La República omnipresente establece las normas de construcción, concede los navíos por adjudicación antes de cada salida, decide sobre el flete, sobre el itinerario y sobre la tripulación. Esta organización excelente, aunque servía a los intereses del Estado, deja a los mercaderes unos beneficios considerables, y el barrio de Rialto, donde tienen lugar las transacciones, es uno de los polos de la economía europea.

Durante el Renacimiento, las galeras, embarcaciones muy finas provistas de grandes remos, tienen como remeros no ya hombres libres como en la Edad Media, sino delincuentes de derecho común, prisioneros de guerra condenados a purgar su pena o a pagar así su rescate. La cadencia conseguía a veces veinte golpes de remo por minuto. Con mar gruesa y con los bandazos continuos del barco, remar resultaba casi imposible; entonces se izaban las velas.

LA TIERRA FIRME

A comienzos del siglo XV, Venecia dobla su poderío marítimo con una política de hegemonía en Italia. Sus conquistas en tierra firme aumentan mucho sus riquezas y sus salidas comerciales, y la salvan del aislamiento. Esta elección resulta, sin embargo, fructuosa a medida que su imperio marítimo se ve desestabilizado por los turcos. Poco a poco, los patricios de Venecia se instalan en villas suntuosas en tierra firme, frecuentemente debidas al arquitecto Andrés Palladio (1508-1580). Su obra maestra sigue siendo la *villa Rotonda,* construida de 1566 a 1568 cerca de Vicenza para un prelado pontificio.

Originariamente recubierta de pinturas policromas, la *Ca'd'Oro,* la casa de oro, es uno de los más suntuosos entre los múltiples palacios que bordean el Gran Canal de Venecia, largo de 3800 metros. Esta obra maestra del arte gótico fue construida desde 1422 hasta 1440, cuando ya comenzaba el estilo renacentista.

A lo largo de los siglos, Venecia contruyó un vasto imperio marítimo en el Mediterráneo. Pero las conquistas otomanas se comieron poco a poco las islas y las factorías con el león de san Marcos, símbolo de la ciudad. La pérdida de Negroponto, al norte del mar Egeo, en 1470; de Rodas (donde los venecianos eran poderosos y numerosos), en 1522; de Chipre, en 1570; de Creta, en 1699, señalan las etapas de esta larga lucha contra los turcos.

LA CASA

A fines del siglo XVI, el Arsenal de Venecia tenía como misión botar galeras mercantes con tripulación. Debía también dar cabida a una reserva de cien navíos, preparados para hacer frente a la aparición repentina de las inmensas flotas otomanas. Veinticinco galeras quedaban permanentemente en la dársena, siempre alerta. El resto de la flota quedaba guardado en tierra, pero totalmente equipado desde el casco hasta la punta de los mástiles. Los navíos eran construidos en serie, con piezas intercambiables. El depósito de madera de construcción, las fundiciones, las armerías y la cordelería se distribuían siguiendo una organización precisa. En este Arsenal, llamado la *Casa* por los venecianos, trabajaban tres mil carpinteros de armar y tres mil calafateadores al servicio de una flota de tres mil navíos mercantes y de decenas de galeras de combate.

PUERTOS Y CIUDADES DEL NORTE

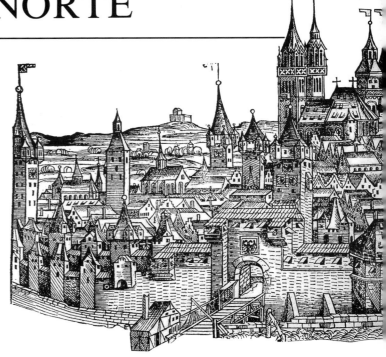

Animada en el sur por el tráfico mediterráneo, Europa conoce en la Alta Edad Media otro eje comercial en el norte, muy activo: el del mar del Norte y del Báltico, que pone en contacto los puertos occidentales con las factorías rusas y escandinavas. Entre estos dos polos existen unas rutas terrestres y fluviales norte-sur: el Rin, el Ródano, los collados alpinos, las ferias de Champaña, de Ginebra y de Lyon. Desde el siglo XIII, las ciudades comerciales de la Hansa germánica, bajo la dirección de Lübeck y Hamburgo, han adquirido el monopolio del comercio nórdico. Pero la aparición en el siglo XVI de los imperios españoles y portugueses modifica el equilibrio comercial de la Europa del Norte. Las ciudades de la Hansa pierden progresivamente su preponderancia, minadas por su falta de cohesión, unas reglamentaciones demasiado estrictas, unos métodos que se han vuelto arcaicos ante la flexibilidad de los hombres de negocios italianos.

Los negociantes hanseáticos de la factoría de Londres, el *Stalhof,* a quienes la compañía inglesa de los *Merchant Adventurers* hace la competencia, ven disminuir sus privilegios aduaneros a partir de 1447 antes de ser definitivamente rechazados en 1598. Este declive va a la par de Brujas, una de las más ricas factorías hanseáticas. La ciudad flamenca, que recibió a los primeros navíos genoveses en 1277 y acogió a las sucursales de los grandes bancos italianos, se ha encontrado poco a poco separada del mar por el enarenamiento del Zwyn, y en Amberes es donde desembarca en 1501 el primer cargamento de especias portuguesas. Diez años más tarde, todas las naciones compran allí la pimienta, los Fugger exportan el cobre húngaro y los españoles se abastecen de productos manufacturados (tela flamenca, quincalla alemana) destinados a sus colonias. Convertida durante algunos decenios en el centro de la economía europea, gracias al aflujo de dinero español, Amberes declina a mediados del siglo XVI y cede pronto su lugar a Amsterdan.

Construida como Venecia sobre millares de fustes de roble clavados en el limo, la audaz ciudad holandesa tiene un brillante porvenir. Dispone de una excelente flota dirigida por marinos experimentados y se lanza a competir en los mares. En el mismo momento, Inglaterra sale de su entorpecimiento. La lana inglesa exportada desde Londres y Southampton sustituye a los paños flamencos, mientras que los productos de la artesanía alemana de lujo (relojes de Nuremberg, vajillas de Augsburgo...) se dirigen a las cortes principescas europeas y manifiestan el dinamismo económico de las ciudades de la Alemania meridional.

Los molinos de viento, conocidos en la Edad Media, forman cada vez más parte integrante del paisaje de la Europa del noroeste, sobre todo de los Países Bajos. Utilizados para accionar las bombas de desecación de las tierras impregnadas de agua, constituyen elemento indispensable para la creación de los pólderes.

LA RIQUEZA MINERA

Las minas de Europa central (Bohemia, Tirol, Estiria...), explotadas desde la Edad Media, reciben en los siglos XV y XVI un impulso espectacular. El empleo creciente de metales en la vida cotidiana y los progresos técnicos facilitan las condiciones de extracción de los minerales. Una vez resueltas las dificultades unidas al bombeo del agua, al entibado de las galerías...,

la producción se ve decuplicada: en la Alta Silesia, trescientas toneladas por año en el siglo XV; de mil a tres mil, en los siglos XVI y XVII. Bajo el reinado de Fernando de Habsburgo, la ciudad minera de Kutna Hora, en Austria, ve cómo se instalan las sociedades bancarias que acaparan las explotaciones y las industrias metalúrgicas, adquiriendo así el monopolio del cobre.

Las nuevas encrucijadas de Europa.

En el norte de Europa, las ciudades conservan su aspecto medieval. Rodeadas de murallas y de torres de defensa desde ahora equipadas con cañones, frecuentemente están dominadas por la silueta maciza de un castillo y por los campanarios de una catedral. En un espacio restringido se amontonan millares de casas. Algunas viviendas burguesas y señoriales adoptan algunos rasgos característicos de la arquitectura renacentista.

Entre estas ciudades, Nuremberg se afirma como gran metrópoli. Con 40 000 habitantes, debe su prosperidad a una posición de encrucijada, a igual distancia del Báltico y del Mediterráneo, así como a la proximidad de minas de plata y al dinamismo de sus artesanos (relojeros, grabadores, ebanistas...). Es también la patria de numerosos artistas, como Alberto Durero, a quien la ciudad confió la construcción de fortificaciones después de que hubo publicado en 1527 *El arte de fortificar las ciudades y las ciudadelas.*

La prosperidad de los puertos del Norte no se debe únicamente al mar, sino también al tráfico con el interior, facilitado por la existencia de canales o de ríos navegables. Incesante actividad que provocó el desarrollo de los puertos de la Hansa, florecientes ya en la Edad Media, y el de los de Amberes y Brujas, antes de que el enarenamiento del Zwyn cerrara su acceso al mar.

LA LUMBRERA DEL NORTE

Brujas, durante su época de prosperidad, enriquece al poderosísimo duque de Borgoña Felipe el Bueno, a quien pertenece, y que mantiene una de las cortes más brillantes de Europa. Allí se encuentran el escultor flamenco Claus Sluter (1350-1406), cuyo Moisés majestuoso y meditativo parece anunciar el de Miguel Ángel; músicos de gran renombre, como Josquin des Prés (hacia 1440-1521) o Juan Ockenghem (hacia 1430-1496), más tarde maestro de capilla de Carlos VIII, y numerosos pintores venidos de las provincias del norte.

Es también en Brujas donde se fija en 1430 Juan van Eyck (hacia 1386-1441) después de haber sido el pintor de la corte y el embajador personal de Felipe el Bueno. En la gran ciudad mercantil, abierta a todas las influencias, los artistas aprovechan el mecenazgo de burgueses opulentos, como el banquero Portinari, pintado por Memling, o el canciller Rolin, representado por Van Eyck. Excelentes retratistas, de realismo a menudo severo, los pintores flamencos saben reproducir maravillosamente la suavidad de las ricas telas, el detalle de una joya tan bien como el brillo azul de una mirada y las arrugas de un rostro gastado por el tiempo. Huyendo del idealismo gótico que caracteriza a la pintura de los siglos precedentes, observan más de cerca la naturaleza y pintan magníficos paisajes. Aberturas de verdor con perspectiva sabiamente dominada, donde el ojo se evade al encontrar un río que serpentea entre dos pequeños valles, un campanario en la bruma... Pedro Breughel, llamado el Viejo (h. 1525-1569), por ser el primero de una célebre familia de pintores, es el maestro indiscutible del paisaje. Este hijo de campesinos, procedente de un pueblecito de Brabante, no ha renegado de los colores de su país natal al descubrir los de Italia.

Así como los artistas flamencos, el gran pintor y grabador alemán Alberto Durero (1471-1528) tampoco ha deseado modificar su repertorio al entrar en contacto con la Italia antigua. Durero reside dos veces en Venecia, donde estudia las proporciones del cuerpo humano bajo la influencia de Mantegna, hacia el que siente una profunda admiración. Si saca provecho de estas lecciones, Durero no deja de ser por ello el incomparable pintor del mundo animal y vegetal. Un ciervo en la linde de un bosque, una ballena varada en la orilla, los matices del verde de una delicada mata de hierbas, pero también la riqueza simbólica de sus alegorías grabadas en cobre o en madera le valen una inmensa celebridad en vida.

Pintor de origen flamenco, Quintín Metsys (1466-1530) consiguió la síntesis entre la brillante tradición pictórica del Norte y la influencia italiana. En esta *Virgen con el Niño* une a un virtuosismo inaudito, un dominio de los colores y una emoción profunda, perceptible en el rostro de la Virgen. Contemporáneo de Erasmo, humanista, garantiza la continuidad entre la tradición medieval y el Renacimiento.

Dedicado a los temas de la locura, de la muerte, del pecado y del placer, Jerónimo el Bosco (h. 1450/60-1516) creó una obra cargada de símbolos. Su pintura, muy apreciada por los humanistas, por los eclesiásticos y por los soberanos, ofrece una reflexión filosófica en la que proliferan los diablos, los monstruos, los cuerpos delicados o atormentados.

Nacido en 1471 en Nuremberg, Alberto Durero era hijo de un orfebre de origen inglés. Pensaba dedicarse a una carrera artística, pasó una larga temporada en Italia y adquirió un extraordinario dominio del dibujo. Pintor, fue igualmente el primer grabador de su tiempo. Realizó primero grabados en madera antes de utilizar planchas de cobre por medio de las cuales se expresa maravillosamente su universo realista y atormentado.

En 1508-1509, Jacob Heller, ciudadano de Frankfurt, encarga a Alberto Durero un retablo para la iglesia de los dominicos de la ciudad. Partiendo de múltiples estudios de detalles, manos, drapeados, figuras... el pintor realiza un monumental políptico que representa la *Asunción de la Virgen*. Habiendo pasado a la colección del príncipe Maximiliano, el retablo fue desgraciadamente destruido por las llamas. Sólo quedan unos dibujos, como estas manos de un apóstol en oración, para darnos una idea de lo que fue este pintor.

EL SOL DE COPÉRNICO

Al ampliar las fronteras del mundo conocido, los descubrimientos de Cristóbal Colón y de sus sucesores habían cambiado completamente las concepciones medievales en materia de geografía. A mediados del siglo XVI, el astrónomo polaco Nicolás Copérnico (1473-1543) amplía más esta visión del mundo al demostrar que el planeta Tierra no es el centro del universo. Hijo de burgueses acomodados, originario de Torún, se matricula en la universidad de Cracovia, famosa por sus cátedras de matemáticas y de astronomía. En ella recibe la influencia de la escuela de Nuremberg, dominada por los astrónomos Regiomontanus (1436-1476) y Peuerbach (1423-1461). Éstos utilizan la trigonometría legada por los árabes y se sirven del movimiento de los astros para medir el tiempo. Después de 1497, Copérnico continúa estudiando astronomía en la universidad de Bolonia mientras aprendía griego y derecho canónico. Interesado por la filosofía, por la medicina, reside en Padua y en Ferrara. Se establece durante algún tiempo en Roma, donde enseña matemáticas; después regresa definitivamente a Polonia (1503), para continuar sus observaciones sobre los astros. Desde esta época ha puesto en evidencia las insuficiencias del sistema de Tolomeo (90-168), sobre el cual se apoya entonces la concepción cristiana del universo.

Según el *Almagesto,* que resume las teorías del sabio griego, la Tierra es una bola inmóvil en el centro del firmamento, mientras que el Sol y los planetas giran alrededor de ella. Como lo subraya él mismo en el prefacio del libro que dedica a Paulo III, *De revolutionibus orbium coelestium* (De la revolución de los cuerpos celestes), Copérnico comienza a leer cuidadosamente todos los escritos griegos sobre este tema, entre ellos los de Heráclides del Ponto y los de los pitagóricos, que cree en el movimiento de la Tierra sin abandonar por ello la teoría de un universo geocéntrico. En 1512 puede afirmar: «El Sol es el alma y la luz del mundo situado en medio del universo sobre un trono real desde donde dirige la familia de los astros que giran alrededor de él.» Pero guarda prudentemente su secreto durante más de treinta años y no puede publicarlo hasta 1543. Está en su lecho de muerte cuando le llevan el primer ejemplar impreso de su tratado, en el que demuestra que la Tierra da en veinticuatro horas una vuelta completa alrededor del eje de los polos y realiza una revolución de 365 días alrededor del Sol.

Después de la muerte de Copérnico, la Inquisición lleva a la hoguera a su genial sucesor Giordano Bruno, que es el primero en exponer la idea de un universo infinito. Idea que obliga más tarde a Galileo (1564-1642) a renegar de las verdades científicas que ponían en duda ciertos pasajes de la Biblia.

GIORDANO BRUNO

Franciscano, doctor en teología convertido al calvinismo, que recorre Europa en todas direcciones antes de regresar a Italia, donde, acusado de herejía, rehúsa abjurar.

Más visionario que matemático o astrónomo, Giordano Bruno (1548-1600) se dedicó a desarrollar las consecuencias de los descubrimientos copernicanos. Llega incluso a refutar con audacia el heliocentrismo del universo y afirma la infinitud del espacio, compatible, según él, con la doctrina cristiana. Cree en la existencia de otros mundos, todos en movimiento. Muere al comienzo del siglo XVII; había abierto el camino hacia la ciencia moderna y había querido explicar científicamente fenómenos no perceptibles.

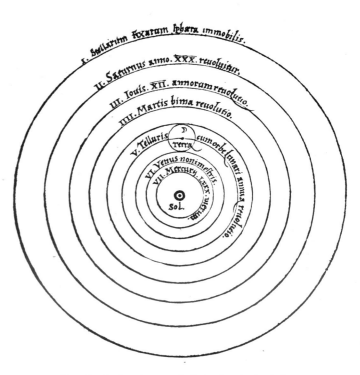

Sacado de la obra capital de Copérnico, *De revolutionibus orbium coelestium,* este diagrama astronómico sintetiza la concepción copernicana del universo. Alrededor del Sol están indicadas las órbitas de los siete planetas del sistema solar.

Cuando la Tierra dejó de ser el centro del mundo.

Originario de Toruń, en Polonia, Nicolás Copérnico (1473-1543) simboliza, en virtud de su trayectoria intelectual, a la Europa del siglo XVI. Apasionado por la geometría y por la astronomía que estudia en la universidad Jagellón de Cracovia (1491-1495), aprende derecho canónico en Bolonia, enseña en Roma en 1500, después acude a la facultad de medicina de Padua (1501-1503). En sus viajes pronuncia múltiples conferencias sobre matemáticas y astronomía ante un auditorio numeroso y erudito, entre los que se encuentran Miguel Ángel, Maradona y muchos otros sabios y artistas. De regreso a su país natal en 1503, se convierte en médico y secretario del poderoso obispo de Watzenrode, su tío. Consultado sobre enfermedades muy diversas por grandes personajes, se ve igualmente inducido a participar en la actividad económica de su país, donde publica un *Tratado sobre la moneda* (1526), explicando cómo «la mala moneda ahuyenta a la buena».

VÍAS TERRESTRES Y FLUVIALES

El 2 de agosto de 1494, el médico Jerónimo Münzer deja la ciudad de Nuremberg, donde su saber no puede nada contra la peste, para emprender un largo viaje de siete meses a través de Europa. Este erudito, que traduce su nombre al latín y se hace llamar «Monetarius», es también astrólogo y geógrafo. Atraído por la aventura atlántica, fascinado por la cartografía portuguesa, se dirige primero hacia la península ibérica. Va al Mediterráneo por la meseta suiza y el valle del Ródano, después atraviesa España hasta Almería antes de llegar a Lisboa, donde se extasía ante la actividad hormigueante del arsenal y de los muelles del Tajo. A caballo, a lomos de mulo, o en barco cuando los ríos son más practicables que las carreteras, recorre cien kilómetros diarios. Visita las grandes ciudades de Francia, se detiene en París y se dirige de nuevo a Alemania por Flandes. Monetarius es el tipo de viajero del siglo XVI que «peregrina» por placer con la misma sed de descubrir cosas que los que surcan los mares.

Los relatos de viajes de esta época abundan en observaciones acerca de las ciudades por las que se pasa, sobre las costumbres de cada región, sobre las comodidades de las escalas. En las casas de postas y en los albergues, que sustituyen poco a poco a la hospedería de las abadías, donde coinciden gentes de todo tipo: artistas en busca de mecenas, peregrinos, religiosos, estudiantes, vendedores ambulantes de marionetas... El siglo es propenso al vagabundeo, y, sin embargo, la carretera no es con mucha frecuencia más que una simple pista sembrada de baches, cuyo trazado varía según las estaciones. A fin de evitar las emboscadas o los atascos, son numerosos los que alquilan los servicios de un guía capaz de dirigir las caravanas a través de montañas y de bosques. En Francia, la mejora de la red viaria corre pareja con la centralización del poder. Luis XI crea el primer servicio postal que exige una red de carreteras bien cuidada, jalonada por postas provistas con caballos descansados. Pero a comienzos del siglo XVI, la carretera París-Orleans es una de las pocas del reino que está totalmente pavimentada, y hay que esperar hasta 1599 para ver cómo Enrique IV concede el primer presupuesto público a Caminos, Canales y Puertos de Francia. En esta época, Roma puede gloriarse de ser la mejor plaza postal de Europa, en contacto regular con las capitales vecinas. En las carreteras se apresuran numerosos correos reales y mensajeros privados. Como la medida exacta del tiempo, el dominio de las distancias es una de las preocupaciones del siglo XVI.

Como en la Edad Media, la venta ambulante es requisito indispensable para hacer que conozcan hasta en el interior de las regiones de Europa los libritos de cuentos o de piedad, los almanaques, las estampas o los tratados de astrología. Pero los vendedores ambulantes ofrecen también telas, agujas, abalorios. Hacen que penetren en el campo los trabajos de los vidrieros, vendiendo copas, vasos y garrafas diversas. Objetos de lujo a menudo coloreados que se desea que figuren en un interior.

En el siglo XVI, la construcción de puentes, el mantenimiento de las carreteras, los vados y las barcas de pasaje corren aún a cargo de las autoridades locales (ciudades, señoríos, monasterios) y son objeto de peajes a veces abusivos, que la monarquía intenta en vano reducir y uniformar. Muy frecuentes, contribuyen a la lentitud de los transportes y determinan el precio de los productos, muy variable de una región a otra.

Mucho más que por carretera, las ciudades son
abastecidas por vía fluvial. Se utiliza el menor curso
de agua, y se construyen esclusas desde fines del siglo
XVI para hacer navegables numerosos ríos. Un gran
tráfico de mercancías relaciona la Europa del Norte
con Venecia, sirviéndose del Rin y luego del Po, con
el inevitable paso a través de los Alpes.

Durante el Renacimiento existe
la preocupación por mejorar la
red de carreteras. Los Alpes y
las rutas de montaña se hacen
fácilmente franqueables.
Entre 1478 y 1480 se perfora
un túnel en el monte Viso,
que une Francia con Italia.
Para conservar y crear otras
carreteras, aparece un nuevo
instrumento como esta gran
carretilla concebida para
esparcir las piedras.

CIUDADES Y CAMPO

Al relatar, de 1550 a 1562, los hechos y la vida cotidianos de su campiña normanda, el señor de Gouberville ha dejado a la posteridad uno de los más preciosos testimonios que poseemos sobre la vida rural en el siglo XVI. Labranza y recolección, trabajos de construcción y de recogida de leña, jornaleros endeudados antes de cobrar la paga, este hidalgo de la región de Valognes lo ha anotado todo con el ojo del propietario apegado a su hacienda. Si él mismo apenas se mancha las manos salvo para practicar el arte de la horticultura, sus campesinos sufren la humedad para sanear la tierra rebelde del Cotentin. Para esta población mal alimentada y con malas viviendas, el bosque continúa suministrando los recursos indispensables para subsistir: leña, bellotas y frutos, pastos para el ganado... La mayor parte de las regiones de Europa, tributarias de bajos rendimientos cerealísticos (4 a 5 por 1), no tienen suficientes praderas; por tanto, tienen poco ganado, falta de abono y cosechas mediocres. Hay, sin embargo, algunas excepciones: Castilla, Inglaterra y Provenza se especializan en la cría de carneros. El reparto geográfico de las actividades se ve trastornado. Así, el comercio inglés de paños, que supera en el siglo XVI al de Flandes, provoca un desplazamiento de la población (los criadores de ovino) desde el campo hacia las regiones próximas a las grandes fábricas de tejidos, como Londres o Winchester. En los pólderes de Flandes se ha abandonado el barbecho y se combina el cultivo y la ganadería con alternancia de cereales y de plantas forrajeras. En Italia se implanta el cultivo de hortalizas, tomates y berenjenas venidos de América, lechugas y alcachofas hacen grata la mesa de los burgueses. Pues esta tierra tan poco productiva tiene que alimentar a las ciudades cuya población no cesa de crecer.

La ciudad del siglo XVI, los arquitectos y los urbanistas la quieren a imagen de la ciudad antigua: estética, funcional, aireada. El plano en forma de tablero de ajedrez heredado de Hipodamos de Mileto y las fortificaciones en forma de estrella tienen gran éxito. Roma está considerada como «ciudad-piloto» con sus palacios, sus calles rectas y anchas, sus jardines y sus fuertes. Al norte de los Alpes, la realidad es diferente. En Londres, cien mil personas viven hacinadas en casas de madera; en París, las viviendas que rodean el Louvre tienen todavía establo y henil. La calle Neuve-Notre-Dame, rehecha en 1507, no tiene más que seis metros y medio de ancho. A pesar del esfuerzo de los municipios por multiplicar los puntos de agua y mejorar la higiene y las viviendas, la ciudad sigue estando amenazada por esos dos azotes que son el incendio y la epidemia. Y, sin embargo, es allí, en estas metrópolis insalubres y superpobladas, donde la sociedad se mueve, donde se intercambian las ideas...

Esta pareja de campesinos alemanes, grabado de Alberto Durero en 1514, está tomada en un momento de alegría, durante una danza con motivo de alguna fiesta lugareña. Instante privilegiado en una vida ruda a la que amenazan el hambre y la escasez. El mundo rural es, por otra parte, extraño a la civilización literaria. Entre el 70 y el 90 % de los campesinos de Europa son analfabetos incluso si existen bolsas de cultura, como en Flandes y en Toscana.

LA MEDIDA DEL TIEMPO

Mientras que el ritmo de la vida rural continúa siendo naturalmente medido por la salida, la puesta del Sol y la campana de la parroquia, los habitantes de la ciudad ya no se contentan con los carillones del campanario. El siglo XV señala el nacimiento de los relojes de pared.

La invención del muelle-motor permite miniaturizar el mecanismo y fabricar relojes provistos con un timbre despertador, que se lleva en el pecho o en el bolsillo. Obras maestras de arte y de orfebrería, las más célebres son fabricadas por los artesanos de Nuremberg (Alemania).

Desde lo alto de las torres de san Gimignano, en Toscana, se divisa un panorama que ha cambiado poco desde el Renacimiento. Campos de cereales, viñedos y olivos dan color a uno de los más bellos paisajes formados por el hombre.

Excepto en Flandes y en Italia del Norte, donde la agricultura se parece a una verdadera horticultura, abierta a las novedades y a las mejoras continuas, el campo europeo sigue siendo conservador en los aperos y en las prácticas. La economía agrícola se estanca. El cultivo de los cereales conserva un puesto preponderante, pero los rendimientos son bajos. Las praderas artificiales son la excepción y el ganado, que, por otra parte, suministra abono, poco numeroso.

No hay gran ciudad sin la proximidad del mar o la presencia de un río. En París, el Sena es utilizado para el transporte, pero sirve también como fuente de energía para los molinos de harina construidos sobre un puente de madera o sobre grandes barcas de fondo plano. Permite el suministro de agua a la ciudad, y en él se practica igualmente la pesca. Su proximidad tranquiliza cuando ronda la terrible amenaza del incendio que puede destruir una ciudad entera en una noche de llamas.

EL CUERPO Y EL ALMA

Al invitar a Gargantúa a «visitar de nuevo los libros de médicos griegos, árabes y latinos sin menospreciar a los talmudistas y a los cabalistas, y mediante frecuentes anatomías adquirir el conocimiento del otro mundo que es el hombre...», Rabelais (1494-1533) habla como médico de su tiempo. Iniciado en la ciencia de los antiguos en los bancos de la facultad de Montpellier, es de esos espíritus atrevidos que condenan la enseñanza puramente libresca y la palabrería de la medicina universitaria para conceder más importancia a la experimentación. Una de las figuras más notables de esta nueva escuela es Paracelso (1493-1541), que llega a quemar las obras de Galeno y de Avicena, y exhorta a los estudiantes entusiastas para que observen más de cerca la naturaleza. La disección, que se hace más frecuente por impulso del flamenco Andrés Vesalio (1514-1564) y del italiano Gabriel Fallopio (1523-1562), hace que la anatomía progrese. Pero la mayor parte de los males que azotan a la humanidad siguen sin remedio y, cuando a Ambrosio Paré (1509-1590), cirujano-barbero de los ejércitos del Milanesado, se le ocurre cortar la hemorragia ligando los vasos en vez de cauterizar con hierro candente, ignora la existencia de los microbios y el origen de la infección que se lleva a sus pacientes. Sus contemporáneos creen que la peste proviene de una conjunción de Saturno y de Júpiter, y el mismo Paracelso proclama que los metales se transforman en oro en las entrañas de la tierra. De ahí a la práctica de la alquimia, a iniciarse en las ciencias ocultas, a creer en los espíritus malignos, no hay más que un paso. Los hombres del siglo XVI tomaron la decisión, y los jueces de la Inquisición que envían a millares de brujos y brujas a la hoguera están persuadidos de que así hacen retroceder al diablo para bien de la cristiandad. ¿Quiénes son, pues, estos acusados de demonolatría a los que se quema en público tras haber confesado sometidos a la tortura? Personas sin historia: burgueses cuya fortuna es codiciada, una mayoría de mujeres, muchachas exaltadas, también ancianas, medio curanderas, medio magas. Desde la noche de los tiempos, éstas tienen su puesto en los campos. Se sospecha que envenenan al ganado o que llaman a la tempestad que tumba los trigos. Pero la sociedad no las rechaza: ¡en pocas épocas se ha creído tanto en las fuerzas del mal! Sin duda, los que las denuncian, como los que las condenan, responden así al sentimiento de malestar y de insatisfacción que se apodera de las conciencias.

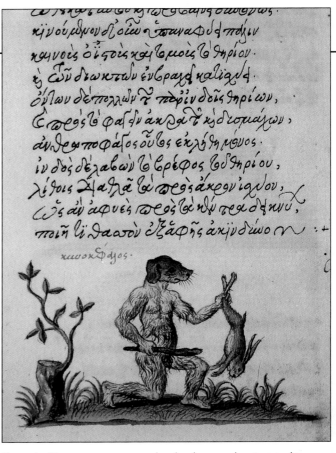

En toda Europa se cree que los brujos pueden tomar la forma de los más diversos animales. Algunos se convierten en gato o en perro, como en este manuscrito griego del siglo XVI. La mayoría se transforma en lobos peligrosos. Un médico de comienzos del siglo XVII precisa en su opúsculo *De la licantropía, transformación y éxtasis de los magos* que «los brujos corren por los bosques, se arrojan sobre los animales y, sobre todo, sobre los hombres desarmados y los niños, a los que secuestran y devoran...»

Lo que hace diabólicos a los cirujanos y a veces sospechosos de las peores artimañas es la necesidad en la que se encuentran de proceder a disecciones. Esta práctica sólo está autorizada en la enseñanza de ciertas universidades, como en Italia. Los que roban o compran cadáveres de condenados a fin de venderlos a los hombres de ciencia, se exponen a fuertes multas, a veces a la muerte, en caso de profanación de tumba.

Todos los cazadores de brujas consideraban los crímenes de brujería como los más inexplicables. Eran fuente de todas las fechorías imaginables: parricidio, infanticidio, homicidio por hechizos o por envenenamiento, destrucciones de cosechas y matanzas de animales. Sometidos a tortura, los acusados confesaban, en general, todo lo que los jueces querían oír. Se estima que sólo el 5 % de los inculpados conseguía librarse, si no de toda la condena, al menos de la hoguera, resistiendo a la tortura. La sentencia de muerte llevaba al condenado al fuego, símbolo de las llamas eternas del infierno. La ejecución tenía lugar en público, para edificación de todos.

EL PODER DE LOS ASTRÓLOGOS

En la Edad Media, la creencia en el diablo es compartida por todos y las escenas de posesión diabólica son frecuentes. Se hace venir a un sacerdote exorcista que expulsa al diablo del cuerpo del hombre o más frecuentemente de la mujer...

En su *Libro de los más célebres astrólogos y algunos hombres doctos*, publicado en 1485, el francés Simón de Phares considera la astrología como una revelación divina, unida a la creación del mundo. En los siglos XV y XVI, los astrólogos están por todas partes. En las ciudades, donde tienen «estudio abierto para responder y juzgar sobre todas las cuestiones» que les plantea una burguesía cada vez más cuidadosa de su posición y de su porvenir. En todas las cortes europeas desempeñan una función de consejeros de los reyes...

Muchos son también médicos. El estudio de los astros está reconocido por la universidad como una ciencia complementaria de la observación del cuerpo. Cada órgano y cada miembro están regidos por un signo concreto del zodíaco y se fabrican medallas grabadas con un toro o con un pez para cuidar las partes del cuerpo correspondientes. Esta astrología supersticiosa da acceso a la magia y a la brujería. Sin embargo, estas prácticas no contrarían a la Iglesia que cuenta en su seno con muchos astrólogos famosos.

EL MIEDO
Y LA ESPERANZA

En 1434, el papa Eugenio IV (1431-1447) declara a los Padres del Concilio de Basilea: «Desde la planta de los pies hasta la coronilla, no hay en el cuerpo de la Iglesia una sola parte sana.» Esta constatación amarga encuentra un eco en Erasmo algunos decenios más tarde: «Los papas hacen que olvidemos a Cristo por su silencio, desnaturalizan su enseñanza con sus interpretaciones forzadas y lo asesinan con su conducta vergonzosa.» Como los soberanos pontífices, los obispos llevan un tren de vida principesco acumulando los cargos más lucrativos sin residir nunca en su diócesis. El bajo clero, muy a menudo ignorante y libertino, alquila sus servicios para subsistir menos pobremente. Esta Iglesia, para quien el servicio a Dios debe ser cada vez más suntuoso, vende a los fieles unas «indulgencias» que abren el camino del paraíso.

Estos abusos, la mayor parte de los cuales son muy anteriores al siglo XV, esconden una realidad muy compleja. Las críticas de los humanistas no se refieren sólo a la vida escandalosa de los clérigos, sino también a su actitud inmovilista en el dogma y en la moral frente a unos creyentes turbados por la evolución del mundo y del pensamiento, en busca de respuestas a sus angustias. En el siglo XV, con la decadencia de la vida monástica sobre la que se apoyaba el cristianismo medieval, la religión se ha abierto a los laicos. Tan ferviente como antaño, si no más, la piedad se ha vuelto más personal. La expansión de la imprenta ha favorecido la difusión de la Biblia (antes de 1520, ciento sesenta ediciones en latín y más de sesenta en lenguas vulgares) que todos pueden en adelante leer sin la mediación de un sacerdote. Son numerosos los adeptos de la *Devotio Moderna* que instaura una espiritualidad individual, círculos de meditación del evangelio, cofradías que asocian a clérigos y laicos.

Al propagar la noción de libertad del individuo frente a las tentaciones del mundo, el pensamiento cristiano del siglo XV ha desarrollado un sentimiento de culpabilidad. Los confesores privados abundan, el temor al infierno y al Juicio final atormenta a las conciencias. En esta atmósfera de inquietud agravada por las guerras, las epidemias de peste, el avance inexorable de los turcos, se ve al diablo por todas partes, se quema a las brujas, a los judíos, y se escucha fascinado a predicadores y profetas que llaman a una renovación...

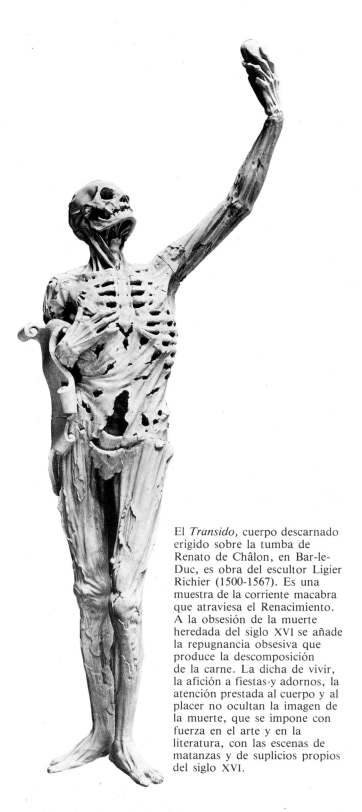

El *Transido,* cuerpo descarnado erigido sobre la tumba de Renato de Châlon, en Bar-le-Duc, es obra del escultor Ligier Richier (1500-1567). Es una muestra de la corriente macabra que atraviesa el Renacimiento. A la obsesión de la muerte heredada del siglo XVI se añade la repugnancia obsesiva que produce la descomposición de la carne. La dicha de vivir, la afición a fiestas y adornos, la atención prestada al cuerpo y al placer no ocultan la imagen de la muerte, que se impone con fuerza en el arte y en la literatura, con las escenas de matanzas y de suplicios propios del siglo XVI.

Vida singular y agitada la de Desiderio Erasmo (1469-1536), este holandés de salud frágil que recorre Europa y reside junto a los más grandes de su tiempo. Su autoridad intelectual se impone a los soberanos, a los intelectuales y a los religiosos que lo reconocen como maestro del humanismo cristiano. Armonizar el saber grecolatino con el pensamiento cristiano, tal es la meta del autor de *El elogio de la locura*. Se le reprochará su neutralidad ante el protestantismo, «haber puesto el huevo que el fraile alemán (Lutero) ha incubado».

La muerte sin la certeza de la salvación del alma.

La mortalidad infantil estaba considerada como una fatalidad y el mismo Montaigne escribía: «He perdido dos o tres niños de pecho, no sin pesar, pero sin enfado.» La aparición en el siglo XVI de las primeras efigies funerarias infantiles indica el despertar de una sensibilidad nueva con respecto a los niños tan numerosos que la muerte siega. Uno de los más bellos testimonios de esta evolución es el del poeta polaco Kochanowski (1566-1620), quien, habiendo perdido una hijita de cuatro años, le consagra estos versos dolorosos: «¿Qué hacer, qué hacer sino prepararme a mi vez para el viaje y marchar sobre las huellas preciosas de tus pies? Allá lejos te veré, Dios lo quiera, y tú abre tus queridos bracitos y échate al cuello de tu padre.»

El comercio de las indulgencias con objeto de obtener fondos para la reconstrucción de San Pedro de Roma, el lujo de la corte pontificia, la codicia de los cardenales, en una palabra, una actitud general muy alejada del mensaje del evangelio, tales son los principales reproches de los creyentes vacilantes a la Iglesia católica. Aquí, la llegada de Sixto V en 1585 es objeto de ceremonias fastuosas ante la nueva basílica de San Pedro que pretende ser el símbolo de una Iglesia triunfante.

EL ESPÍRITU DE REFORMA

En 1518, Guillermo Briçonnet, obispo de Meaux, intenta reformar su diócesis. Después de haber visitado en Roma el *Oratorio del Divino Amor,* que cultiva el retorno a la enseñanza de la Biblia, abandona la corte para residir en su obispado, obliga a los sacerdotes a permanecer en sus casas y prohíbe la concesión de indulgencias sin permiso.

Tomando partido contra el escandaloso comercio de las indulgencias, es como también, el 31 de octubre de 1517 en Wittenberg (Alemania), Martín Lutero, doctor en teología, se ve situado en primera línea de la escena religiosa. Su rebelión ha nacido de una reflexión profunda: atormentado por la culpabilidad ante el pecado humano, Lutero busca el sosiego en la fe dictada sólo por el evangelio. Como muchos de sus contemporáneos y ciertos miembros del clero, siente la necesidad de reformar la Iglesia. Rechaza la autoridad del papa y la jerarquía eclesiástica, fuentes de tantos abusos. Negando los sacramentos, excepto el bautismo y la eucaristía, traduce la misa a la lengua vulgar para hacerla accesible a todos y, sobre todo, reconoce a cada cristiano el derecho a interpretar la Biblia según su conciencia. Esta religión purificada, fundada sobre la predicación del evangelio, es la que deseaba Lefèvre d'Étaples en 1512 cuando escribía: «Adhirámonos sólo a Cristo y a la doctrina apostólica. Lo demás es, sin duda, más supersticioso que religioso.»

Roma refuta las tesis de Lutero, excomulgado en 1521, pero éstas han excitado el entusiasmo en Alemania y se han extendido a los países vecinos: Inglaterra, Francia, Italia, Suiza... Bajo el nombre de *protestantes* se reagrupan pronto humanistas, cristianos insatisfechos, «los que se sentían disgustados con su fe», la gente de los campos y toda una aristocracia deseosa de terminar con la autoridad clerical.

A la muerte de Lutero, en 1546, este movimiento toma una orientación más rigurosa bajo la autoridad de Juan Calvino, que convierte a Ginebra en la Roma del protestantismo. A pesar de las persecuciones, los reformados se organizan en toda Europa en pequeñas comunidades agrupadas alrededor de un pastor.

Amenazada, escindida, la Iglesia romana busca a su vez una renovación espiritual. Paulo III (1534-1549) convoca el Concilio de Trento (1545-1563), que, después de dieciocho años de debates, vuelve a dar al catolicismo un nuevo vigor, pero rehúsa todo diálogo con los protestantes. Un año más tarde, en 1564, Pío IV publica el primer *Índice,* que contiene los autores y libros prohibidos, en el cual figura Erasmo, con la mención *damnatus primae classis.*

Numerosas alegorías alemanas de los comienzos de la Reforma protestante mostraban que los monjes, a menudo detestados, y el papado con sus símbolos (tiara y llaves de san Pedro) no pesaban más que la Biblia sola.

LA COMPAÑÍA DE JESÚS

Fundada en 1534 por Ignacio de Loyola (1491-1556), esta compañía es la piedra angular de la reforma católica. Antiguo oficial español, Loyola elige para su orden el justo medio entre meditación y acción. Los ejercicios espirituales exigen a los jesuitas una profunda vida interior, mientras que su sólida formación intelectual les lleva a dedicarse a la predicación y a la educación.

Confesores, directores espirituales, profesores y fundadores de numerosos colegios, los jesuitas se implantan rápidamente en Europa. Son mil en 1556, cinco mil en 1581. Luchando contra la herejía protestante, apoyan la política católica de los Habsburgo en Europa central. Se introducen en las clases dirigentes, seducidas por la notable pedagogía de sus colegios.

Nacido en Eisleben, en Sajonia, en 1483, Martín Lutero se hace agustino y es ordenado de sacerdote en 1507. Doctor en teología, se aleja poco a poco de la doctrina católica. En 1520, en tres grandes escritos, afirma que el papa está sometido a la autoridad de la Biblia, como los fieles, y sólo cuenta la sagrada Escritura. Sólo conserva como sacramentos de la Iglesia el bautismo y la eucaristía. Muere en 1546, después de haber sabido expresar las angustias religiosas de su tiempo y de haber intentado remediarlas.

En los templos reformados estaban proscritos todos los ornamentos, estatuas y frescos que podían apartar a los fieles de su relación personal con Dios. Los oficios recurrían sobre todo a la lectura de la Biblia, a los salmos cantados en común. Uno de los primeros grandes templos de Europa, conformes con los principios de la nueva religión, fue construido en Lyon, donde se implantó el protestantismo a partir de 1520.

Originario de Noyon, en el norte de Francia, Juan Calvino (1509-1564) fue el continuador de la obra de Lutero. Soñó con un Estado en el que se practicaran todas las virtudes. De 1541 a 1564 intentó convertir a Ginebra en esa ciudad modelo de donde el calvinismo se propagó por Francia, por los Países Bajos y por las islas británicas.

LAS GUERRAS DE RELIGIÓN

Durante la noche del 17 al 18 de octubre de 1534, protestantes celosos pegan panfletos contra el culto católico en las paredes de las grandes ciudades de Francia. Por la mañana, Francisco I encuentra uno de esos carteles en la puerta de su habitación, en Blois. El rey, que hasta entonces había optado por la clemencia para los sediciosos partidarios de Lutero, decide reaccionar por la fuerza. Así comienza en Francia la represión oficial de los reformados.

El parlamento de París había procedido a las primeras ejecuciones. Desde 1525, los reformadores de Meaux son perseguidos y se encienden las hogueras... Sin embargo, a mediados del siglo XVI, al progresar el calvinismo a grandes pasos, las persecuciones se vuelven más sistemáticas. Uno de los episodios más trágicos de esta lucha que desgarra a Europa durante cerca de dos siglos es la expedición punitiva contra los valdenses de Provenza, que se adhirieron al protestantismo en 1532. A esta matanza colectiva, en la que perecen pueblos enteros, siguen muchas otras atrocidades cometidas en nombre de convicciones religiosas, pretextos para sangrientos ajustes de cuentas... En Alemania, los anabaptistas invocan al reformador suizo Zuinglio (1484-1531) y los luteranos mantienen guerra abierta, saquean y luego someten muchas ciudades. La monarquía, en Francia, se encuentra atenazada entre dos facciones enemigas: el partido hugonote (de la palabra alemana *Eidgenossen:* conjurados), dirigido por los príncipes de Borbón-Condé, y la Liga católica, a la cual dirige la poderosa familia de los Guisa. Con estos príncipes, cuyo fervor religioso está muy teñido de ambición política, el odio toma el cariz de guerra civil, alimentada con subsidios y mercenarios por Isabel de Inglaterra o los príncipes luteranos, por un lado; y por el muy católico Felipe II de España, por otro.

Al enterarse de la matanza de san Bartolomé el 24 de agosto de 1572 (cuatro mil muertos en París en una noche), el soberano español escribe: «He experimentado una de las mayores satisfacciones de mi vida». ¡Es cierto, este rey que ha resuelto el problema protestante en su país con cinco gigantescos autos de fe en los que se ha quemado a todos los sospechosos, ve siempre su autoridad de monarca batida en brecha por las ciudades protestantes de los Países Bajos!

En Inglaterra, los partidarios de Isabel persiguen a los que se declaran todavía «papistas», mientras que el reinado de María Tudor (1553-1558), llamada María la Sangrienta, había reprimido ferozmente a los protestantes anglicanos. Harán falta muchos decenios para que cese esta locura sanguinaria.

Miguel de l'Hospital (1504-1573) fue un partidario de la paz y de la tolerancia religiosa mientras defendía los intereses de la corona de Francia. Escribió así a Carlos IX acerca de los protestantes: «Si desde el año 62 se les hubiera manejado hábilmente, Francia sería feliz; pero los que les han molestado y hostigado con mil violencias... los han hecho fuertes... Los consejeros del rey, en lugar de apagar suavemente el brasero, lo han aventado con tal fuerza que la llama está preparada para consumirlos y ya ha devorado a algunos de ellos...»

El 1 de marzo de 1562, en Wassy, unos centenares de protestantes que celebraban su culto en una granja fueron tomados al asalto por las tropas del duque de Guisa y de su hermano el cardenal de Lorena. Pocos escaparon de la matanza, que señaló el comienzo de las guerras de Religión en Francia, tanto más violentas cuanto que nadie confiaba ya en la monarquía vacilante.

LOS EDICTOS DE TOLERANCIA

El 13 de abril de 1598, Enrique IV termina con las guerras de Religión que descuartizaban a Francia; concede a sus súbditos protestantes la libertad de culto, la posibilidad de crear escuelas confesionales y el derecho de acceder a la función pública...
Este edicto de tolerancia ha sido precedido por diversas tentativas de conciliación entre católicos y protestantes. En Alemania, la paz de Augsburgo (1555), ratificada por la Dieta imperial en ausencia del papa y del emperador, mostraba más sentido político que real tolerancia religiosa. Dejaba a cada principado el derecho a optar por una u otra religión, debiendo entonces someterse los súbditos a la elección de su señor. Poco más respetuosa con la libertad individual es la Carta de Majestad de Rodolfo II de Bohemia (1609), que limita la libertad de culto a las ciudades y a los nobles. Es abrogada en 1621...

Las pasiones religiosas se duplicaban a veces con una rebelión contra la miseria y la autoridad de los señores. En Alemania, bandas armadas de campesinos anabaptistas (que encubrían a las sectas más diversas en las que la inspiración luterana se mezclaba con herejías medievales) devastaban los campos amenazando el orden social al predicar la poligamia y la abolición de la propiedad. Esta guerra de los «Santos» fue ahogada en sangre por los príncipes luteranos.

EL CONCILIO DE TRENTO

El papa Paulo III Farnesio, elegido en 1534, inicia la reforma de la Iglesia romana al convocar desde 1536 un concilio, desde hacía mucho tiempo reclamado por Lutero. Su apertura efectiva tiene lugar diez años más tarde en Trento, el 13 de diciembre de 1545, con ausencia de los protestantes que, en un esfuerzo por conseguir la reconciliación, habían sido, sin embargo, invitados. Después de años de debates agitados, bajo la dirección de varios papas, la posición de la Iglesia católica se ve concretada. La misa y los siete sacramentos son mantenidos y considerados de institución divina, la jerarquía eclesiástica sigue igual. La Iglesia se reserva, asimismo, el poder de interpretar el mensaje del evangelio. Mantenimiento de las tradiciones, afirmación del dogma; esta firmeza va acompañada, no obstante, por un impulso reformador. Se pone el acento en el «servicio a las almas»: mejor formación de los clérigos, predicación adaptada a las necesidades de los fieles y, sobre todo, represión de los abusos más escandalosos...

EL REINO DE FRANCIA

En 1494, los ejércitos franceses entran en Italia. Esta fecha señala el comienzo de las campañas sucesivas dirigidas por los Valois para reconquistar el reino de Nápoles, herencia de la casa de Anjou. «La victoria no podrá írseles de las manos si mantienen una guerra larga», asegura Maquiavelo en 1510 al papa León X, que le ha consultado sobre la alianza más favorable para la Santa Sede.

La prosperidad económica y la cohesión del reino de Francia lo convierten en uno de los Estados más poderosos de Europa. Fuerte por sus dieciocho millones de habitantes, Francia se beneficia de la obra política de Luis XI: enriquecida con Bretaña, con Borgoña, con Provenza y con Anjou, después con el reino de Navarra a la llegada de Enrique IV al trono, su diversidad no excluye un sentimiento de pertenencia común reforzado por el progreso de una lengua única. El rey de Francia es «emperador en su reino» y los soberanos vecinos le envidian la docilidad de sus súbditos. Es cierto que la caballería feudal, diezmada por la guerra de los Cien años, se ha visto poco a poco sustituida por un ejército de profesionales a sueldo y que la gran nobleza vive en lo sucesivo bajo la mirada del rey, atraída por el lujo de la corte donde la etiqueta, cada vez más fastuosa, se convierte en un instrumento del poder. La administracion real tiende a suplantar a la autoridad señorial en las provincias.

El 13 de septiembre de 1515, algunos meses después de su coronación, Francisco I se cubre de gloria en Marignano. Sus ambiciones en Italia chocan pronto con las de Carlos V, cuyas inmensas posesiones rodean a Francia. Prisionero en Pavía (1525), el rey de Francia se ve forzado a abandonar el sueño italiano. Este mecenas ilustrado, apasionado por el arte y por la belleza, ha realizado, con todo, un gran proyecto: abrir su reino a las influencias artísticas italianas y convertir su corte en uno de los grandes focos culturales europeos. Poetas, músicos y humanistas se apiñan en Blois o en Fontainebleau, cantan la dulzura de vivir en esta Francia opulenta.

Pero algunos decenios más tarde, los versos de Ronsard se volverán amargos para describir su país asolado por la guerra civil. En plena tormenta, el 22 de marzo de 1594, Enrique IV, convertido al catolicismo para salvaguardar la unidad del reino, entra en París. Provincia por provincia, ciudad por ciudad, emprende la conquista de sus súbditos...

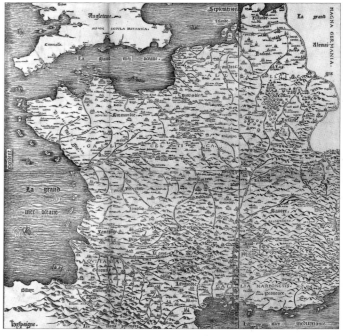

Cuando aparecen los primeros mapas que presentan a Francia como entidad geográfica, los soberanos se preocupan por darle una sola y misma lengua. En 1539, la ordenanza firmada por Francisco I en Villers-Cotterêts incluye dos disposiciones fundamentales. Las escrituras notariales y judiciales deben estar redactadas en francés y ya no en latín «a fin de que no pueda haber ambigüedades, ni incertidumbres, ni que se pida su interpretación». Los párrocos del reino están obligados a abrir registros de bautismo y de inhumación, precursores del registro civil.

Francisco I, rey de 1515 a 1547, y Enrique IV, rey de 1589 a 1610, tuvieron empeño en reforzar el reino de Francia, uno oponiéndose al poder temible de Carlos V, el otro intentando restaurar la paz religiosa entre católicos y protestantes. Populares en vida, siguieron siéndolo después de su muerte: el primero, por su prestancia; el segundo, porque no deseaba más que el bien de su pueblo.

A comienzos del siglo XV, los reyes de Francia y su corte, atraídos por el paisaje verde y la suavidad del clima, dejan París para venir a instalarse en el valle del Loira. A partir de 1480 se construyen entre Gien y Angers magníficos castillos: Azay-le Rideau, Chambord, Blois, Chenonceaux (representado aquí). Fortalezas medievales, como Amboise, Langeais o Ussé, son embellecidas. La influencia de los artistas italianos no es ajena al lujo de habitaciones espaciosas, bien iluminadas por grandes ventanas que dan a jardines...

Entre 1515 y 1560, Francisco I y Enrique II residen frecuentemente en el valle del Loira, desplazándose con toda la corte de un castillo a otro. Brantôme, en su *Vida de señoras galantes* (1665, a título póstumo), describe así el fasto de estos desplazamientos:
«La Corte mantiene de ordinario 6, 8 y hasta 12000 caballos. Los viajes aumentan el gasto un tercio al menos, a causa de los mulos, de las carretas, de las literas, de los caballos y de los sirvientes (...) que hay que emplear. Jamás la Corte se detuvo en un mismo sitio quince días seguidos (...) y, cuando se desplazaba, llevaba la vajilla de plata, los tapices y otros muebles. (...) Cosa increíble si no se ha visto.»

57

LAS AMBICIONES INGLESAS

Dos soberanos excepcionales destacan en la Inglaterra del siglo XVI: Enrique VIII, que reina de 1509 a 1547, e Isabel, de 1558 a 1603. Ambos refuerzan el poder real y dan a las islas británicas un papel primordial en Europa. Frente a Francisco I y a Carlos V, Enrique VIII sobresale en el arte sutil de las inversiones de las alianzas y declara, no sin razón, «aquel a quien yo apoyo es el amo». Frente al papado, impone la reforma anglicana. Apoyándose en una hostilidad larvada, extendida en el país con relación a los «papistas» y aprovechando la negativa de Clemente VII para anular su matrimonio con Catalina de Aragón, Enrique decide una serie de medidas destinadas a intimidar a la Santa Sede. Se hace reconocer como jefe supremo de la Iglesia inglesa «en la medida en que la ley de Cristo lo permite», pero se mantiene a distancia tanto de los católicos que han seguido fieles a Roma como de los protestantes más intransigentes. Contra estos dos adversarios, hace uso de la fuerza. El humanista Tomás Moro y numerosos grandes señores del reino son ejecutados, y se confisca los bienes de los franciscanos y de los cartujos entre 1536 y 1539. Bajo esta ley de hierro, el rey impone la nueva religión, aunque quería ser príncipe del Renacimiento, amante de los textos antiguos, de la pintura y de la música.

Después del reinado de María Tudor (1553-1558), que intenta torpemente restaurar el catolicismo por el terror, el trono le corresponde a Isabel, hija de Enrique VIII. Tan autoritaria como su padre, termina por definir los ritos y los artículos de fe del anglicanismo. Aplastando las oposiciones interiores, tiene que enfrentarse en el exterior con la España de Felipe II. El soberano de Madrid está decidido a conquistar Londres y a arrancar la corona británica de una cabeza considerada como herética. Pero la locura de su *Armada Invencible* termina en un completo desastre a fines del verano de 1588.

El triunfo de Isabel es el de una reina con voluntad indomable, pero también el de un pequeño país dotado de una economía en plena expansión. Excelentes marinos y comerciantes audaces, los ingleses aseguran su presencia en todos los continentes. Sus corsarios, como Drake o Hawking, acosan a los pesados galeones españoles y atacan los puertos de las Antillas y de América central.

Ante su propia corona y un cuadro que evoca a la Armada Invencible, con la mano sobre un globo terráqueo, la reina Isabel I aparece con suntuosos atavíos como la enérgica soberana de un país en plena expansión.

Enrique VIII aparece como un modelo de príncipe del Renacimiento. Poeta, músico, mecenas, conocedor de cuatro lenguas, amigo de pintores y de artistas, quiso ser un perfecto hombre de corte. Fue, igualmente, un jefe guerrero preocupado por el puesto de Inglaterra en Europa. Atento a que ningún soberano predominara en Europa, estuvo a la cabeza de una diplomacia hábil, se opuso al papado y puso los cimientos del anglicanismo.

Guillermo Shakespeare (1564-1616) se impone a fines del siglo XVI como el primer dramaturgo inglés. Sus obras tienen un inmenso éxito, algunas son representadas en el patio real de butacas. Goza del beneficio, con el teatro *The Globe* abierto en 1599, de un lugar permanente en el que los actores actúan ante un público numeroso en una sala concebida para ello.

Irlanda: algunas pesquerías, una ganadería extensiva y tierras poco fértiles explotadas por un campesinado miserable bajo el yugo de poderosos barones. Este pequeño reino, vasallo de Inglaterra, ha seguido siendo católico a pesar de la introducción de la reforma anglicana hacia 1536. Enrique VIII reúne en Dublín, en 1541, el primer parlamento nacional, que le proclama rey de Irlanda. Esta toma de posesión va acompañada de confiscaciones de tierras y de una salvaje represión contra los resistentes católicos, mientras que otros eligen el juramento de fidelidad a la corona británica. Como estos guerreros irlandeses que acompañan al jefe de clan Shane O'Neill, venido a rendir homenaje a la reina Isabel en 1562.

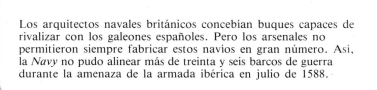

Los arquitectos navales británicos concebían buques capaces de rivalizar con los galeones españoles. Pero los arsenales no permitieron siempre fabricar estos navíos en gran número. Así, la *Navy* no pudo alinear más de treinta y seis barcos de guerra durante la amenaza de la armada ibérica en julio de 1588.

EL MÁS VASTO IMPERIO DEL MUNDO

En 1519, los «Siete Grandes Electores» de Alemania nombran a Carlos de Habsburgo para la dignidad imperial con el nombre de Carlos V. Esta corona que codiciaban igualmente Francisco I y Enrique VIII, debe su prestigio a una larga tradición que se remonta a Carlomagno. Pero no encarna ya en el siglo XVI más que un poder muy limitado. Debiendo su función a los Electores, el emperador tiene que contar con ellos, del mismo modo que debe confiar en las decisiones de la Dieta imperial, única apta para legislar.

Lejos de formar un conjunto coherente, Alemania está constituida por un mosaico de pequeños principados independientes, en los que los intereses particulares y las divergencias religiosas prevalecen sobre el sentimiento nacional. Tal es la herencia recibida por este joven príncipe de 19 años, que apenas habla alemán. Sobre su cabeza reposa ya la corona de España, que le viene de su madre, así como las posesiones de Carlos el Temerario (Países Bajos, Franco Condado), de quien es descendiente directo. Inmenso territorio fragmentado al que vienen a añadirse las conquistas españolas en el Nuevo Mundo. Durante los cuarenta años de su reinado, Carlos V pone toda su inteligencia y su tenacidad en el intento de dominar las fuerzas contrarias de este imperio ingobernable sobre el que «no se pone nunca el Sol». A los italianos que le reprochan que quiera conquistar el mundo, él responde: «No quiero ni un ápice de tierra en Italia, excepto lo que me corresponde por derecho.» Ahí está la fuente del conflicto con el rey de Francia, que reivindica el Milanesado, teóricamente feudo del Imperio, y no quiere ceder el ducado de Borgoña (anexionado por Luis XI a la muerte de Carlos el Temerario), que reclama Carlos V. La paz de Cambrai (1529) supone una tregua en la guerra en que se agotan el Valois y el Habsburgo. Este último carece de dinero, a pesar de los subsidios de los Fugger, para contratar mercenarios en todos los frentes. Debe hacer frente a la revuelta de las ciudades flamencas, dominar la rebelión de los príncipes luteranos, sin desviar la vista de las fronteras orientales, amenazadas por el empuje otomano. En este reinado jalonado por batallas, la única guerra a la que aspira es una cruzada contra los turcos, que congregara a la cristiandad reunificada. Pero en el siglo XVI, este concepto medieval de cristiandad se eclipsa para dar paso a las naciones. Antes de abdicar, Carlos V, agotado por haber dirigido un imperio demasiado vasto, siente la necesidad de dividirlo sin tropiezos: concede las posesiones austríacas de los Habsburgo a los descendientes de su hermano Fernando, mientras que ofrece la corona de España y del Nuevo Mundo a su hijo Felipe.

El armamento de las tropas imperiales se componía de espadas, picas, alabardas, dagas, estoques, así como de armas de fuego cada vez más mortíferas. El arcabuz, la pistola y el mosquete cambiaron el curso de las batallas a pesar de los nobles caballeros, vulnerables a los disparos de cualquier villano...

LA ABDICACIÓN DE UN GIGANTE

En las Cortes de Bruselas, en octubre de 1555, los asistentes están turbados: el emperador Carlos, decepcionado por derrotas sucesivas, por no haber podido acabar con el protestantismo, y sobre todo por la enfermedad, renuncia al Toisón de Oro y cede la soberanía de los estados borgoñones a su hijo Felipe que, seis meses más tarde, recibe asimismo la corona de España. El que ha viajado tanto (tres mil doscientos lugares diferentes a través de su inmenso imperio) se retira al monasterio de Yuste, en Castilla, en cuyo recinto se hizo construir una casita. Los últimos años de su vida se dividen entre la oración y los paseos, no sin haber designado finalmente a su hijo ilegítimo don Juan de Austria como único heredero. Se extingue poco después, el 21 de septiembre de 1558.

Dotado de una energía indomable y de
un alto concepto de su función imperial,
Carlos V intentó realizar la unidad de sus
posesiones, acabar con el enemigo turco,
en el que veía a su principal adversario
en Europa y reducir las ambiciones
francesas en Europa. Fracasó en sus tres
objetivos y no pudo cumplir su sueño
de monarquía cristiana universal.

Las tropas de Carlos V,
sobre todo las españolas y
las alemanas, formaron el
mejor ejército del siglo XVI.
Los reitres a caballo y los
lansquenetes, infantes
provistos de una larga pica,
a menudo bien dirigidos,
constituían notables tropas
de asalto o de defensa.

El 25 de octubre de 1555, en las cortes de Bruselas,
Carlos V abdicó en favor de su hijo Felipe en una
grandiosa y emotiva ceremonia.

LA ESPAÑA DEL SIGLO DE ORO

En el centro de la extensa meseta castellana se levanta el palacio de El Escorial, construido por orden de Felipe II. «Sencillez de formas, austeridad del conjunto, nobleza sin arrogancia, majestad sin ostentación», recomienda a su arquitecto. ¿Cómo describir mejor esta residencia real a la vez monasterio y panteón desde donde el rey dirige sus Estados? Trabajador, austero y amigo del papeleo, católico hasta el fanatismo, Felipe II se establece en España en 1559 para no salir más. Desplaza así hacia el sur el centro de su imperio, cuyas posesiones flamencas, a pesar de su importancia económica, se convierten en lejanos satélites. Formada por los reinos de Isabel la Católica y de Fernando de Aragón, después por Andalucía, reconquistada a los moros (toma de Granada, en 1492), y por Navarra, anexionada en 1512, la España del siglo XVI está abierta al Atlántico y al Mediterráneo. Posee el reino de Nápoles y Sicilia: su hegemonía no pediría más que ser aumentada si no fuera contrarrestada por los corsarios berberiscos, aliados de los turcos, verdadera amenaza para Sicilia, cuyos llanos trigales son indispensables para España. La victoria de los occidentales sobre la flota otomana en Lepanto, en 1571, sólo pone término provisionalmente a esta guerra de corso. En el Océano, los galeones que abastecen Sevilla con metales preciosos desde el Nuevo Mundo chocan con los corsarios ingleses. Ahora bien, Felipe II, que en 1580 cubre su cabeza con la corona de Portugal, reuniendo el imperio de las Indias occidentales y el de las Indias orientales, necesita más que nunca el dominio de los mares. Por otra parte, pretende ser el campeón del catolicismo en Europa y apenas sufre la intervención de Isabel I en los Países Bajos protestantes, que se han rebelado contra las guarniciones españolas. Cuando su Armada Invencible, destinada a aplastar a los ingleses, desaparece en el canal de la Mancha (1588), deja la península ibérica a merced de la flota inglesa, que asalta Cádiz en 1596. A su muerte en 1598, dejando a España agotada por su política de grandeza y de intransigencia, los Países Bajos han cobrado su independencia mientras que Inglaterra y Holanda se preparan para dominar los océanos. El oro de las colonias, gastado ya antes de llegar a Sevilla, no habrá servido más que para alimentar la guerra, pagar las deudas y causar una gran inflación, que arruina la economía favoreciendo la competencia extranjera.

Llamado el rey «prudente», Felipe II no abandonó El Escorial, donde vivía con extrema sencillez. Siempre vestido de negro, no dejaba sus asuntos más que para tomar el libro de horas. Taciturno y solitario, meticuloso hasta la obsesión al final de su vida, no decidía nada sin el parecer de sus teólogos.

DON QUIJOTE DE LA MANCHA

Esta novela fue publicada por primera vez en Madrid en 1605. Miguel de Cervantes (1547-1616) evoca en ella, con una ironía impregnada unas veces de amargura y otras de fantasía, las aventuras y el idealismo de un pobre hidalgo alimentado con novelas de caballerías de la Edad Media. La obra, salida de la tradición picaresca que se da en España en la segunda mitad del siglo XVI, describe también la sociedad española de la época de Felipe II.

REBELIÓN DE LOS PAÍSES BAJOS

El muy español Felipe II hace que gobierne en sus
estados borgoñones su hermanastra Margarita de Parma.
Pero la nobleza flamenca, entre la que se encuentra el
príncipe Guillermo de Orange-Nassau (1533-1584),
soporta mal las molestias de la administración española,
y el descontento político, enconado por pasiones
religiosas, evoluciona hacia la lucha organizada. Desde
Alemania, Guillermo reúne un ejército mientras que los
marinos holandeses exterminan todo lo que es español y
papista. Al sur, las hábiles negociaciones de Alejandro
Farnesio permiten la Unión de Arras, que congrega bajo
la autoridad española a los Estados de lengua francesa,
mientras que al norte, Guillermo instituye la Unión
protestante de Utrecht. Hay ruptura entre el norte y el sur,
y se inicia la independencia de las Provincias Unidas.

Levantado en el centro de Castilla sobre meseta de austera grandeza,
el palacio de El Escorial es un inmenso edificio con fachadas
desnudas de granito gris. Felipe II, que lo ha concebido y lo ha
hecho construir de 1563 a 1584, ha elegido un plano cuadriculado de
patios y de edificios, en memoria del suplicio de san Lorenzo, muerto
en la parrilla, mártir cuya fiesta (el 10 de agosto) le recordaba la
victoria de san Quintín contra Enrique II de Francia,
el 10 de agosto de 1557.

A fin de hacer añicos la herejía
protestante y de terminar con
la piratería inglesa, Felipe II
decide aplastar a Inglaterra. La
Armada Invencible (ciento
treinta navíos de todas las
dimensiones, que llevan treinta
mil hombres) sale de Lisboa en
1588 con este fin. Banderas
marcadas con la cruz de Cristo
y con la imagen de la Virgen
ondean sobre los mástiles.
Pero los barcos se adaptan mal a
las tempestades del océano y la
artillería tiene peores cualidades
técnicas que los cañones ingleses.
Guiada por pilotos inexpertos,
asaltada por pequeños navíos
corsarios que usan hábilmente
el cañón sin dejarse abordar, la
Armada vaga en el mar del
Norte antes de volver a España
reducida a la mitad.

LAS CONQUISTAS OTOMANAS

Llamado *el Magnífico* por los occidentales y *el Legislador* por los turcos, Solimán inaugura en 1520 el reinado más brillante de la historia otomana. Su padre, Selim I (1467-1520), le ha abierto el camino de la grandeza extendiendo el imperio hacia Persia, conquistando después Egipto, Jerusalén y La Meca. En el umbral de su reinado, Solimán es, pues, a la vez el amo de Bizancio, heredero de los emperadores romanos cuya administración ha conservado, y el soberano más poderoso del mundo musulmán. Su primer gesto es entregar a los jenízaros la «donación de la llegada al trono», sin la cual no habría conseguido la abnegación de estos temibles soldados capaces de deshacerse de los sultanes. Sujetos a una disciplina férrea, manejan las armas a la perfección. Los jenízaros forman, con los sipahi (caballería), la elite del ejército otomano, el más eficaz del mundo. Como todos los funcionarios de la Sublime Puerta, son esclavos; niños cristianos reclutados en las provincias, después educados en los serrallos antes de ser dirigidos, según sus disposiciones, hacia el ejército o hacia cargos administrativos. Rico en soldados a los que paga y alimenta puntualmente, el imperio lo es también en moneda contante y sonante. Los tributos de las regiones sometidas, los ingresos ordinarios, los botines acumulados por los oficiales mantienen el tesoro del sultán. El 6 de febrero de 1521, Solimán encabeza su primera expedición. ¡Espectáculo grandioso, el desfile silencioso de los soldados cubiertos de seda y de oro! En medio de sus eunucos, montado en un soberbio corcel, lleva un turbante alto tocado con un penacho de diamantes. Él dirige las trece campañas de su reinado, luchando, unas veces en el este, contra el sha de Persia, y otras en el oeste, contra Carlos V. En 1521 toma Belgrado, que le abre la llanura del Danubio; después Hungría, en 1526, y se aproxima hasta Viena (1529). En el Mediterráneo se apodera de la isla de Rodas (1522), llave del tráfico marítimo y empuja sus conquistas hasta Bagdad, que cae en 1534. Desde ese momento tiene en su mano todas las rutas comerciales que unen Oriente y Occidente. Dueño de un inmenso imperio que se extendía por tres continentes, Solimán se ocupa en unificar la administración y la ley, mientras impedía a sus representantes en las provincias extralimitarse en sus atribuciones. Pone a punto una justicia severa, pero equitativa, que causa admiración a los viajeros europeos. El marsellés Le Blanc se asombra en 1579 de que «el cristiano y el judío, igual que el turco, sean escuchados sin diferencia en los más pequeños motivos de queja, sin que se necesite la elocuencia de un abogado para defender la verdad...»

Conocido en Europa con el nombre de Barbarroja, Jair-el-Dir Barbaros Pachá (1476-1546) era regente de Argel y almirante de la flota otomana. Como antes que él su hermano Aruj, Barbarroja era el corsario musulmán más temido del Mediterráneo. Hizo acondicionar el puerto de Argel, base para saquear Calabria y Sicilia. Poco antes de su muerte volvió a Constantinopla, triunfalmente acogido como un despiadado enemigo de los infieles.

Los corsarios musulmanes sembraban el terror en todo el Mediterráneo. Sus galeras merodeaban ante los puertos cristianos, aquí ante Génova, como pájaros de presa acechando a los navíos que salían. A menudo, con éxito.

LEPANTO

A fin de combatir la amenaza turca tanto marítima como terrestre, los países cristianos se unen bajo la dirección enérgica del papa Pío V y de la Liga Santa. Venecia se compromete con la esperanza de reconquistar Chipre. España, que tiene ambiciones en África del Norte, envía su temible infantería e impone un jefe, don Juan de Austria (hijo natural de Carlos V). Francia y Alemania permanecen mudas. El 7 de octubre de 1571, la armada cristiana se encuentra en el golfo de Lepanto, en Grecia, con la flota turca mandada por Alí Pachá. Trescientos navíos por ambas partes. La artillería occidental es superior y las tropas otomanas están fatigadas por una campaña de correrías... Vencen los cristianos y la victoria provoca una explosión de alegría. Así, Europa habrá aprendido que el turco conquistador no era invencible.

Sinán (1489-1588) fue elevado por Solimán, en 1537, a la alta función de arquitecto del imperio. Durante su larga vida, edificó trescientos treinta y cinco conjuntos arquitectónicos, entre ellos ochenta y una grandes mezquitas, sesenta y dos escuelas coránicas, treinta y dos palacios, ocho puentes y otros hospicios, baños, almacenes... Encargado de hacer en 1543 la *Suleymaniya* de Estambul, realizó de 1569 a 1574 en Edirne su obra más perfecta según sus propias palabras: la *Selymiya,* cuya sección aparece aquí, fruto de una vida de búsqueda apasionada. Su cúpula, apoyada en una elegante sucesión de arcos, pilastras y contrafuertes, tenía que superar a la de Santa Sofía de Bizancio.

Algunos dibujos, sin duda realizados por embajadores venecianos en Constantinopla, permiten reconstituir el cortejo de Solimán el Magnífico dirigiéndose a la oración del Viernes rodeado de sus temibles jenízaros.

EL MUNDO ESLAVO

partada de las nuevas salidas marítimas y de los grandes ejes comerciales, dividida en provincias ante todo agrícolas, la Europa oriental, en el siglo XVI, se encuentra atenazada por las conquistas otomanas, por un lado, y por la dominación de los Habsburgo, por el otro. Tal es la suerte de Hungría, que, después de un apogeo económico y cultural en el reinado ilustrado de Matías Corvino (1458-1490), pasa a estar bajo la tutela polaca, y después bajo la de los turcos antes de entrar en la órbita del poder austríaco.

A una monarquía electiva, no reconocida por la coalición de barones, celosos de su independencia, se debe la inestabilidad que agita entonces al mundo eslavo. Sin embargo, Polonia, donde se mantiene de 1386 a 1572 la enérgica dinastía de los Jagellones, disfruta de un brillante siglo de independencia y afirma su sentimiento nacional. En la corte del rey Segismundo I (1506-1548), ganado para el humanismo italiano, se desarrolla la lengua polaca, tanto en literatura como en política. La capital, Cracovia, posee una de las mejores universidades científicas de Europa, donde se ha hecho ilustre Copérnico. En la desembocadura del Vístula, Polonia exporta por Danzig los productos de su agricultura (cereales, pieles, miel, madera...). Pero el progreso económico del país no es provechoso más que para la aristocracia feudal, cuyo dominio sobre el campesinado se acentúa, y que se arroga toda jurisdicción sobre los labradores de sus dominios. En estas inmensas extensiones de llanuras y de bosques, la mayor riqueza es poseer hombres, más que poseer tierras. La burguesía no ocupa su puesto en esta sociedad medieval bipartita en la que la mayoría de los intercambios comerciales son realizados por intermediarios extranjeros.

Este cuadro vale igualmente para los países rusos, a los que la hostilidad hacia los polacos y la religión ortodoxa, venida de Bizancio, han alejado de Occidente. Es necesaria la obra centralizadora de Iván III (1462-1505) para librar a Moscovia de la presión tártara y para que germine lentamente la idea de un Estado ruso regido por una misma ley. Su sucesor Iván IV el Terrible (1530-1584) se apoya en un ejército, todavía rudimentario, para aplastar a la nobleza de los boyardos, que le hacen frente, pero que se rehará después de este régimen de terror. Su capital, Moscú, es una vasta ciudad de madera en el centro de la cual se levanta el Kremlin, ciudadela de un poder naciente.

En 1547, Iván IV adopta formalmente el título augusto de *César*, o *Czar*. Personaje de gran talla, feroz y que sufre accesos de rabia incontrolables, domestica a la antigua aristocracia terrateniente de los boyardos. La desconfianza y el terror dominan los últimos años de su reinado. Hace estrangular al santo metropolita de Moscú, jefe de la Iglesia rusa. De rabia, mata a su propio hijo, al que amaba. Tres años más tarde, en 1584, muere en una crisis de locura.

A fines del siglo XV, Polonia está en el apogeo de su poder, bajo la dirección de los reyes Jagellones. Abierta y próspera, es uno de los principales focos de humanismo en Europa. Mientras Copérnico estudia (1491-1495) en la universidad de Cracovia, ésta sufre un terrible incendio. El patio y el magnífico edificio del Collegium Maius son reconstruidos a partir de 1494. En plena expansión, la universidad es entonces la única de Europa que posee dos cátedras de astronomía. Debe, igualmente, su fama al alto nivel de la enseñanza de las ciencias matemáticas. Allí se conocen no sólo los tratados de los antiguos griegos, sino también los de los sabios del islam.

Los metropolitas rusos mantienen una neta oposición contra la Iglesia romana, que aumenta cuando Iván III, habiéndose casado con la sobrina del último emperador bizantino, pone en el primer plano de la escena un ejército de clérigos ortodoxos que desarrollan la idea de una Santa Rusia. La Iglesia rusa participa de un sentimiento nacional que cultiva el apego del pueblo a su fe y a su liturgia, por medio de monasterios activos. Aquí el de Novodievichi, cerca de Moscú, lugar santo.

El mundo ruso es el del inmenso espacio y los largos meses de frío y de nieve. En este paisaje helado pasan trineos tirados por caballos, muy pintorescos para los viajeros de Occidente, venidos a la lejana Moscovia (según un dibujo aparecido en Viena en 1557).

La nobleza rusa, los *boyardos,* poseedores de inmensos dominios, pierden una parte de sus prerrogativas con el fortalecimiento del poder zarista. Con Iván el Terrible tienen incluso que participar en el reclutamiento y en el mantenimiento de un ejército poderoso, necesario para las ambiciones del zar. Repercute esta carga sobre sus propios campesinos, obligados a dar un jinete armado por cada cincuenta hectáreas de terreno.

El fresco y el caballete

«Este tiempo, que peca en tantos puntos, quiere aparecer como inventor de la pintura; al menos pretende haber alcanzado la elegancia, el refinamiento, la perfección que son cosas próximas a la invención...» Es así como Petrarca (1304-1374) rinde homenaje a su siglo y al que los historiadores consideran como el padre de los pintores italianos del Renacimiento: Giotto (1266-1337). En los albores del siglo XIV, el taller del «más soberano maestro de la pintura» trabaja ya en el espacio y la luz solar, en las proporciones del cuerpo humano y la representación naturalista del mundo animal y vegetal. Bajo la mano de los pintores del *Quattrocento,* el fresco (del italiano *fresco)* se despliega en las paredes de los santuarios y de los palacios. Esta técnica delicada, que capta el instante, que no permite dudas ni retoques, ha marcado la pintura toscana hasta mediados del siglo XV. Desde 1424, un joven desconocido, llamado Masaccio (1401-1428), pinta en Florencia escenas religiosas de una gran intensidad, en las que Vinci,

Rafael y Miguel Angel vendrán a buscar su iniciación. Masaccio sabe hacer que los cuerpos vivan, darles volumen y peso. Sabe inscribir en los rostros la fuerza de los sentimientos que agitan a sus personajes. Esta nueva pintura se libera de las convenciones góticas para representar al hombre con naturalidad. Las actitudes estereotipadas, los nimbos dorados han desaparecido. En lo sucesivo, la santidad se lee en las miradas. En el mismo momento, los flamencos ponen a punto la composición de la pintura al óleo, permitiendo, gracias al empleo de un barniz secante, conservar todo el brillo de los colores. Se atribuye generalmente a Juan van Eyck (hacia 1385-1441) la paternidad de esta técnica revolucionaria a la que los cuadros flamencos deben su luminosidad y su transparencia. Convertidos en maestros en el arte de superponer las capas a fin de obtener sutiles desvanecidos, Van Eyck y sus sucesores crean la perspectiva aérea,

mientras que Italia descubre las leyes geométricas de la perspectiva lineal. En estos dos focos, los temas siguen siendo ante todo religiosos y la Iglesia es la principal comanditaria.

De Flandes a Italia

Muy poco a poco, el arte deja los santuarios para penetrar en las viviendas burguesas, y los pintores flamencos inmortalizan sin indulgencia en el lienzo o en la madera los retratos de sus contemporáneos. Rostros marcados por los años, siluetas pesadas, basta mirar las manos embarazadas del canónigo Van de Paele pintado por Van Eyck para apreciar hasta qué punto esta

Pedro Breughel el Viejo (h. 1525-1569), pintor flamenco que se dedicó, ante todo, a las escenas de la vida cotidiana y a las inspiradas en la Biblia, realizó una sola obra de inspiración mitológica. Esta *Caída de Ícaro,* pintada al final de su vida, muestra al infortunado que desafió a los dioses al elevarse a los cielos gracias a unas alas de pluma y de cera, aquí reducido a dos piernas que se hunden bajo las olas. Ínfimo detalle de un paisaje con sol poniente en el que, en primer plano, un labrador, un pastor y un pescador parecen indiferentes al drama que acaba de tener lugar.

búsqueda de la verdad exacta es llevada hasta los menores detalles. A mediados del siglo XV se produce el choque decisivo, por la difusión de la pintura flamenca en Europa meridional. Roger van der Weyden, Hugo van der Goes en Florencia, Justo de Gante en Urbino, divulgan los secretos de su oficio y se benefician de la aportación de la cultura antigua. La revelación de la escultura grecorromana, la influencia de los filósofos antiguos cambian completamente la visión del mundo y las concepciones artísticas. Se toman incansablemente los temas de la mitología pagana (Leda y el cisne, de Vinci; El Parnaso, de Mantegna...), Platón redescubierto se convierte en el maestro en el pensar del Renacimiento. Los temas bíblicos, las Vírgenes con el Niño son, no obstante, objeto de numerosos encargos y se esfuerzan en conciliar el platonismo y el pensamiento cristiano. Esta fiesta pagana, cargada de religiosidad, encuentra su expresión en Botticelli (1455-1510), pintor de los medios allegados a Lorenzo el Magnífico, cuyas Vírgenes y Venus tienen la

El arte del fresco implica la realización de bocetos trazados por el artista con la ayuda de barras de color rojo procedentes de la ciudad de Sinop, en Turquía. De ahí el nombre de *sinopia* dado a estos dibujos preparatorios, como este que representa a un rey y conservado en el *Museo delle Sinopie,* en Pisa (Italia).

El pintor del Renacimiento trabaja de encargo. Sus actividades van unidas a los monasterios, a los obispos, a los papas, a las órdenes religiosas. Ejercita también sus talentos entregando a los príncipes escenas mitológicas o retratos en los que posan nobles modelos en una postura convencida (Retrato de Juana de Aragón, por Rafael y Julio Romains, museo del Louvre, París).

misma gracia soñadora. La pintura de Botticelli desvela un mundo voluptuoso de movimientos sinuosos y de líneas entrelazadas, poesía culta poco preocupada por la realidad que muestra los últimos resplandores del Renacimiento florentino. Dar gloria a Platón sin renegar de Aristóteles, al que la Edad Media debe lo esencial de su pensamiento, es lo que hace Rafael (1483-1520) en el Vaticano cuando pinta *La Escuela de Atenas,* uniendo en una misma escena a los dos grandes filósofos de la Antigüedad. Rafael, artista adulado, rodeado de discípulos y de cortesanos, pintor de la armonía y de la serenidad, de la flexibilidad y de la elegancia, es también notable en el arte del retrato. Los del escritor Baltasar Castiglione y de León X se encuentran entre sus obras maestras. La misma finura se lee en las telas de Tiziano (1490-1576), pintor veneciano protegido por Carlos V y que ha realizado una obra inmensa, como un majestuoso retrato ecuestre del emperador.

El paisaje soñado

Apasionados por el clasicismo antiguo, fascinados por el hombre y preocupados por expresar con fidelidad su universo psicológico, los pintores del Renacimiento se dedicaron asimismo a dar vida a la naturaleza. Paisajes soñados, más que reales, románticos y misteriosos, bañados en la bruma, en Leonardo de Vinci, acogedores y domesticados, en Giorgione y Tiziano,

rodean a las Bacanales y a las Venus dormidas. Los flamencos conceden a la naturaleza un lugar preponderante y la describen con realismo: ríos tranquilos, aldeas enlodadas y paisajes con nieve, tal es el universo de Breughel (h. 1525-1569) en el que sufre y se divierte una humanidad sin disfraces.
El italiano Vasari, a quien se debe una biografía de los artistas de los siglos XV y XVI, da testimonio de la inmensa popularidad que éstos tuvieron en vida. Pintores de corte, tributarios del mecenazgo principesco, no son tratados con menos deferencia por los más grandes de su tiempo.
El artista del Renacimiento ha salido definitivamente del anonimato. Ya no es simple ejecutante, la inspiración que le anima lo sitúa por encima del común de los mortales. A la Inquisición, que le reprochaba audacias indignas de un tema sagrado, Veronés (1528-1588) habría respondido: «Nosotros, los pintores, nos tomamos las mismas libertades que los poetas y los locos.»
El duque Francisco Sforza, lleno de consideración con la libertad caprichosa del genio, pedía a Miguel Ángel «de hacerme el honor de trabajar para mí y de dignarse realizar, a su gusto, escultura o pintura, con tal que sea la obra que desea realizar».

Humanismo y literatura

Miguel Eyquem de Montaigne, escritor francés (1533-1592), se dedicó, después de los cargos oficiales, únicamente a la lectura y a la escritura. Su experiencia y sus viajes a través de Europa convierten a sus *Ensayos* y a su *Diario* en el irremplazable testimonio de un erudito del Renacimiento opuesto al fanatismo y a los excesos.

Una vez pasada la búsqueda febril de los manuscritos griegos y latinos que, en algunos decenios, revelan a los italianos lo esencial del pensamiento antiguo, un inmenso trabajo de traducción y de correcciones recae en los hombres del siglo XV. Poco a poco se dan cuenta de que el lenguaje y la escritura son a la vez la expresión de una cultura y los instrumentos privilegiados del conocimiento. Después de Petrarca, a quien profesan una admiración sin nubes, los primeros humanistas recomendaban el uso de un latín elegante y renovado, aunque buscaban promover las lenguas vulgares. En toscano escribe Lorenzo el Magnífico sus sonetos a la naturaleza y al amor. Bajo la égida de este príncipe poeta y mecenas, Marsilio Ficino (1433-1499) y Pico de la Mirándola (1463-1494) elaboran una teoría neoplatónica que alimenta al arte y a la literatura del Renacimiento. Valoración del hombre para gloria de Dios, culto a la belleza terrestre como reflejo de la belleza divina están entre los temas principales de este pensamiento.
Miguel Ángel lo expresa a su manera en un poema: «Mis ojos enamorados de las cosas bellas y mi alma apasionada por la salvación no tienen otro medio de elevarse al cielo sino la contemplación de todas las bellezas...» Esta elevación hacia el amor divino es también el último fin de *El cortesano,* de Baltasar Castiglione (1478-1529), librito de gran éxito, en el que el autor trata a la vez de los buenos modales de un hombre cortesano y de los nuevos valores de la civilización.

Cortesanos y cortesanas

Las cortes italianas han desempeñado un gran papel en la difusión de las ideas humanistas. La de la familia de Este, en Ferrara, es una de las más cultas. Protege a Ariosto (1474-1533), autor de *Orlando furioso,* largo poema épico en el que se mezclan las reminiscencias medievales y la mitología antigua. Más tarde, Renata de Francia, esposa de Hércules de Este, acoge en ella a intelectuales protestantes como Calvino y el poeta Clemente Marot (1496-1544). Éste es también huésped de Margarita de Navarra en Nérac, donde la hermana de Francisco I, mujer de una erudición excepcional, no oculta su inclinación hacia las ideas calvinistas. Recibe al obispo Briçonnet, al humanista Lefèvre d'Étaples... Junto a las grandes cortes de Europa nacen nuevos focos intelectuales. En España, la universidad de Alcalá de Henares se funda en 1508. En Padua estudian Copérnico, el impresor Esteban Dolet y el campeón de la tolerancia religiosa Miguel de l'Hospital. En Lovaina se ha creado en 1517 un colegio de las Tres Lenguas (latín, griego y hebreo) por impulso de Erasmo. En París, Francisco I funda en 1530, a petición de Guillermo Budé (1467-1540), el colegio de los lectores reales (futuro Colegio de Francia) que enseña las ideas nuevas a unos pasos de la Sorbona. Dentro mismo de la universidad, reticente a todo cambio, el bibliotecario Guillermo Fichet (1433-1480) ha introducido la imprenta y ha hecho mucho por la renovación de las lenguas.

Obra de Francesco Colonna, publicada en 1499, *El sueño de Polifilo* evoca el sueño de libertad y de belleza del humanismo italiano, a través de la búsqueda alegórica por el héroe de la pureza encarnada por la ninfa Polia. De pequeño tamaño, ilustrado con finos grabados, este libro señala una etapa importante en la historia de la imprenta. La del acceso de más gente al texto impreso e ilustrado.

Erasmo y Rabelais

Alrededor del impresor Amersbach, en Basilea, se formó, igualmente, un círculo literario muy lleno de vida, que proporcionó la felicidad a Erasmo: «Creo vivir aquí en un verdadero museo; nadie ignora el latín, nadie ignora el griego, la mayoría sabe el hebreo. Uno conoce a fondo la historia; otro, la teología; éste sobresale en matemáticas; ese otro ha estudiado la Antigüedad; aquel otro, el derecho… Se diría que todos tienen una sola alma». Este círculo ampliado de intelectuales humanistas sobrepasa las fronteras y siembra a través de Europa una nueva visión del mundo, en la que el hombre se convierte en dueño de su destino, en la que la mujer es poco a poco rehabilitada, en la que el niño recibe una educación más libre, mejor adaptada a su inteligencia y a su individualidad. Y Rabelais se asombra de ver a «los bandoleros, los verdugos, los aventureros, los palafreneros de ahora más doctos que los doctores y predicadores de mi época».

La obra de Rabelais es una mezcla de erudición, de humanismo y de fábula medieval. En el prólogo a *Gargantúa* (1534), el mismo autor aconseja al lector que «rompa el hueso para chupar la sustanciosa médula», es decir, que no se detenga en lo cómico y en la bondad de sus gigantes, sino que sepa descifrar lo serio de su mensaje.

Sus principios educativos, sus palabras sobre la guerra se inspiran en las lecciones de Erasmo, y su abadía de Thélème, que responde a la divisa: «Haz lo que quieras», es un ejemplo de las utopías que florecen en esta época. Hermoso cuadro de epicureísmo, este universo radiante poblado de «gentes libres, bien nacidas, bien instruidas, que conversan con compañías honestas, que tienen por naturaleza un instinto y un aguijón que las empuja siempre a acciones virtuosas y las aleja del vicio.»

Un sueño de paz

La isla *Utopía,* del canciller inglés Tomás Moro (1478-1535), es un extraño país en el que el oro no tiene valor, en el que la esclavitud sustituye

Francisco Rabelais (h. 1483-1553), eclesiástico, llevó vida aventurera, en la que bebió la inspiración de una obra donde se mezclan tradiciones populares e ideal humanista. Poniendo en escena a personajes fabulosos, como Gargantúa y Pantagruel, o animales que se comportan como hombres, da una lección de tolerancia, de humor o de alegría de vivir con un gusto por escribir que lo convierte en uno de los primeros escritores de lengua francesa.

a la pena de muerte, en el que el suicidio está autorizado en caso de enfermedad mortal, en el que se venera a una divinidad bastante vaga que lleva el nombre de Mithra. Todo parece indicar que el público, cada vez más numeroso (beneficiario de los progresos de la imprenta), que accede a estas obras de ficción, haya buscado en ellas refugio y remedio a las miserias materiales y a los conflictos de su tiempo. Estos sueños de paz, de juventud y de bellezas, de jardines deliciosos y de eterno verano hunden sus raíces en las evocaciones del paraíso terrenal y en las *Bucólicas* de Virgilio. Muchas son en esta época las novelas pastoriles escritas por Sannazaro *(La Arcadia),* Tasso

(Aminta) y que ponen en escena a pastores enamorados y a ninfas voluptuosas. Los temas y las leyes estéticas de esta literatura venida de Italia encuentran eco en Francia entre los poetas de la *Pléyade* (Ronsard, du Bellay…), que unen en una lengua culta y rica en palabras nuevas la tradición popular medieval, la influencia antigua y la poesía de Petrarca. Sus poemas están compuestos para ser cantados, o declamados en voz alta y acompañados con música. Para celebrar sus obras, los músicos cortesanos inventan el madrigal, nuevo género musical ligero y flexible que obtiene un gran éxito.

Los guerreros

La derrota de la caballería francesa en Azincourt (1415) por los arqueros ingleses ha señalado el fin de la guerra medieval. Nacido para guerrear, educado en el culto al heroísmo individual, el caballero es en el siglo XV una especie en trance de extinción. El nacimiento de la artillería, el auge del ejército profesional, el desarrollo de la guerra naval son otros tantos factores que explican la profunda mutación que experimentan entonces las técnicas militares. Los primeros cañones utilizados en Crécy (1346) causaban más ruido que daño y herían más a los que los manipulaban que a sus adversarios. Construidas con tubos cilíndricos soldados y rodeados de hierro, las piezas de artillería del siglo XV corren el peligro de estallar con el choque de la explosión. Se llevan al campo de batalla montadas en mulos o arrastradas por carros, como estos enormes cañones de Mohamed II en el sitio de Constantinopla, cuyo transporte exigió ¡treinta yuntas de bueyes y cuatrocientos cincuenta hombres para preparar los caminos!

Picas y cañones

Los progresos de la siderurgia, cuyas consecuencias sobrepasan con mucho el campo de lo militar, han permitido poner a punto la composición ideal del bronce para la artillería que dará el éxito a los ejércitos franceses durante las campañas de Italia: 91 % de cobre y 9 % de estaño. Paralelamente, las balas de piedra son remplazadas por balas de metal explosivas e incendiarias, mientras que se adopta una pólvora granulada de mejor calidad.
A comienzos del siglo XVI, la artillería pesada, compuesta por cañones montados sobre cureñas y provistos con ruedas, va acompañada por una artillería

En sus tres versiones de la *Batalla de San Romano,* el pintor Pablo Ucello (h. 1395-1475) ilustra los últimos tiempos de los combates de la caballería.
Los jefes de guerra, suntuosamente vestidos, y los combatientes con armadura, con la lanza en la mano y la oriflama al viento, se preparan para los asaltos anteriores a las armas de fuego...

ligera y por cañones de mano (o arcabuces), llevados por la caballería y la infantería.
Provisto con una culata que se apoya en el hombro y con una llave de rueda para encender automáticamente la pólvora, el arcabuz se convierte desde mediados del siglo XVI en un arma terrible. El lugar preponderante alcanzado por el cañón trae como consecuencia el abandono progresivo de la armadura, protección completamente inútil contra la fuerza de las balas. Estas lujosas piezas de orfebrería, anticuadas y hechas a medida, siguen siendo, no obstante, el uniforme de combate de los príncipes. Una estrategia diferente dirige los enfrentamientos. El campo de batalla se ordena alrededor de la artillería. La infantería, única que puede maniobrar en todas las circunstancias, en todos los terrenos, es su apoyo indispensable. La infantería de antaño, que acompañaba a las huestes feudales, se compone en adelante de un ejército de mercenarios entrenados, lansquenetes alemanes o piqueros suizos, cuya reputación ha dado muy pronto la vuelta a Europa. La fama de la infantería española es también grande. Los alemanes decían, después de haberse enfrentado con ella, que habían combatido «no con hombres, sino con diablos». Reformado por el célebre Gonzalo de Córdoba después de las guerras de Italia, el ejército de Carlos V se divide en unidades de combate compuestas de

tres armas: infantería, artillería y caballería (el *tercio*). Estas tropas de elite que atraen a numerosos hidalgos, los *señores soldados,* han desempeñado un gran papel en las batallas navales. El abordaje y la pelea que seguía, en la que sólo las armas blancas podían ser eficaces, necesitaban un buen entrenamiento físico, así como una preparación psicológica, todo lo cual poseían las tropas de Gonzalo de Córdoba. Sin embargo, al introducirse la artillería en los navíos, el cuerpo a cuerpo se convierte en la fase última de los combates navales.

El fin de las galeras

Las flotas de guerra del siglo XVI se transforman progresivamente en baterías sobre el agua. Esta evolución señala el fin de las galeras, demasiado bajas y demasiado ligeras para soportar una artillería pesada. La ventaja de una maniobra fácil, que había causado su éxito hasta entonces, desaparece a medida que los grandes barcos perfeccionan aparejos y timón. Y si las galeras conservan su puesto en las flotas mediterráneas del siglo XVI, los estrategas militares saben bien que su fragilidad les prohíbe forzar las líneas de esas fortalezas flotantes que son los altos navíos septentrionales, concebidos en lo sucesivo para dirigir el combate desde lejos. En materia de fortificaciones, el uso del cañón ha modificado profundamente el arte de construir y la misma idea de la defensa. Las altas murallas capaces de resistir a los trabucos, a las catapultas y a otros artefactos de tiro medievales no pueden resistir a las cargas explosivas. La base de los muros se ensancha y las obras de albañilería se hunden en el suelo para impedir la zapa y las minas. Se multiplican las murallas de tierra, que amortiguan el choque de las balas, se rebajan las cortinas para colocar baterías y municiones en cámaras de tiro cuya posición se estudia cuidadosamente.

El arte de la defensa

Después de haberse contentado con modificar las fortalezas existentes, los ingenieros militares del Renacimiento elaboran concepciones nuevas más adaptadas a los asaltos de que son objeto. Los planos poligonales o en estrella, las plazas fuertes semienterradas para escapar al fuego de las baterías enemigas, las casamatas de tiro rasante, son invenciones italianas. Los primeros bastiones son construidos en Civitacastellana (1494-1497) por los hermanos Sangallo y se difunden rápidamente en Italia y luego en Europa. Los ángulos salientes de los bastiones poligonales permiten cruzar el fuego y proteger eficazmente las murallas en cualquier punto, dependiendo la distancia entre los bastiones del alcance de los arcabuces. Estos perfeccionamientos continuados

y afinados por Durero en Nuremberg (1527) y por el flamenco Stévin (1548-1620) en las Provincias Unidas, señalan un paso decisivo en el arte defensivo que no evolucionará más durante los dos siglos siguientes. Las célebres fortificaciones de Vauban (1633-1707) se inspirarán directamente en él.

A fines del siglo XVI y comienzos del XVII aparecen manuales de artillería. Esta ilustración, extraída de una obra francesa, editada en 1613, muestra unos cañones colocados en planos inclinados, lo cual permite echarlos hacia atrás a fin de cargarlos por la boca antes de volverlos a subir a la posición de tiro.

En los comienzos de la artillería, los cañones están con frecuencia decorados y llevan inscripciones. Éste, con las armas del elector de Sajonia, es significativo del arte de los fundidores del siglo XVI. Más tarde, los cañones se convierten en anónimas máquinas de matar. Fabricados en gran número, pierden su aspecto artístico, salvo las grandes piezas de gala.

En la mesa durante el Renacimiento

El siglo de los grandes descubrimientos es también el de cambios en la vida cotidiana. Se modifican los modales en la mesa y los hábitos alimenticios, y la comida se convierte en un tema digno de la literatura.

Los platos predilectos de la Edad Media continúan gozando de una gran popularidad, sobre todo el cisne asado, las pastas de pan y las avutardas. Se consume, asimismo, la carne de ternera, las chuletas de cerdo y todo tipo de embutidos. Habas, nabos, guisantes, espinacas y lechugas son hortalizas apreciadas. La alcachofa es un producto de lujo, de pequeño tamaño, servido como golosina confitada y acompañada de almíbar. En toda Europa se conocen esas especialidades italianas que son los raviolis, la salchicha de Bolonia y el parmesano. En la misma Italia se come el «coscoton» que Rabelais probó en Roma y que no es otra cosa que el cuscús. En cuanto al caviar, se [...] frío y con especias, o bien calien[...] rebanadas de pan, con pimienta y [...] zumo de naranjas agrias. De los quesos, el roquefort, el gruyère, el holanda y el brie son de los más buscados por los sibaritas. Lo característico del siglo XVI es el aumento de los platos azucarados, fruto de los progresos en el arte de trabajar el azúcar, al fuego o al horno. Aparece, asimismo, un nuevo lujo: el frío, sea en forma de hielo, sea en forma de nieve. Los productos originarios del Nuevo Mundo corren diferentes suertes. La pava, el «gallo de Indias», como se le llama entonces, es traído de Méjico a España a comienzos del siglo XVI, momento en el que su cría se difunde por toda Europa. Lo mismo ocurre con la alubia y, en menor medida, con la patata, cuyo cultivo se extiende en Alemania y en las islas británicas. Francia permanece mucho tiempo reacia a este tubérculo acusado de numerosos males y considerado bueno sólo para los animales. El chocolate es la primera bebida de América que llega a Europa.

El conquistador Cortés la evoca ante Carlos V en 1528 y aprovecha de una entrevista en Toledo para hacerle probar este nuevo brebaje. Pero hasta el siglo XVIII no comienza a tener una importancia significativa el consumo del chocolate. Tener buena mesa se convierte en Europa en la prueba de gusto refinado y del agrado de recibir durante las cenas, en las que hasta el decorado cambia. A fines del siglo XVI, llegado de Italia, el uso del tenedor se extiende por los países vecinos. Otro cambio importante es la sustitución del pan sobre el cual se ponía la comida, por la vajilla de estaño, plata o loza, lo que permite servir salsas más líquidas y cortar más fácilmente carnes o pescados. La servilleta se convierte en el indispensable complemento del cubierto y un manual de urbanidad especifica que no debe emplearse para «enjugarse el sudor ni para limpiarse la nariz».

El primer libro de cocina impreso lo es en Venecia y en Florencia, en 1475. Obra de un bibliotecario del papa, tiene el dulce título de *De honesta voluptate* (De la honesta voluptuosidad) y su éxito es considerable.

Este grabado en madera muestra a un cocinero y a su mujer en plena faena. Utilizando dos cubetas, ella lava la vajilla mientras él vigila la cocción de un plato a la vez que remueve el contenido de otro. Obsérvese la batería de sartenes y el asador perfeccionado. Accionado por la fuerza del aire creado por la llama, un hábil engranaje permite hacer girar un asador en el que se dora lentamente un ave.

El espectáculo y la fiesta

Al Renacimiento le gustaba la fiesta. Fiestas populares, burguesas, aristocráticas o reales. Fiestas urbanas y rurales, serenas o violentas. Quermeses y carnavales, ocasiones para festejos y borracheras en la Edad Media, continúan siendo los momentos fuertes del calendario festivo. Las calles resuenan, cada año, con el ruido de las competiciones, los desfiles, las celebraciones en las que participan ciudades enteras. Así, en Siena, en Toscana, tiene lugar la carrera del Palio, instituida en el siglo XIII, para conmemorar una decisiva victoria contra los florentinos. Veinte caballeros montando a pelo, en representación cada uno de un barrio de la ciudad, se oponen en una carrera sin piedad alrededor de la plaza central llamada *Il Campo.* El vencedor trae honor y gloria a su barrio, que lo celebra en medio de arrebatos de entusiasmo. En Florencia, a partir de 1530, el *Calcio,* especie de fútbol, ve cómo se enfrentan equipos de veintisiete jugadores. En Génova se practica una competición de ballesteros y en Pisa se celebra el recuerdo de combates entre cristianos y musulmanes. Roma prefiere las carreras de toros, y Venecia, las de gondoleros... Príncipes y soberanos son, igualmente, el origen de numerosas festividades. Es costumbre que entren con gran pompa en las ciudades que los acogen. Según un orden de precedencia bien establecido, la corte, la nobleza, el clero y los dignatarios locales, soberbiamente vestidos, pasan por arcos de triunfo alegóricos y por calles bordeadas de ninfas y de pastores que recitan poemas. En 1520, Carlos V desfila así en Amberes bajo cuatrocientos arcos de triunfo de dos pisos. En 1515, para la entrada de Francisco I en Lyon, Leonardo de Vinci inventa un león animado de cuya boca deja que escapen brazadas de flores de lis. Durante fiestas más marciales se pueden admirar las demostraciones de equitación y los últimos torneos, evocaciones nostálgicas de la caballería

Las grandes fiestas principescas, como las del Camp du Drap d'or en junio de 1520, en las que Francisco I se encuentra con Enrique VIII, permiten a los invitados regodearse y beber profusamente. Se edifican fuentes de las que fluye el vino que se sirve en cubiletes.

La tradicional carrera del Palio, en Siena, se celebra todavía actualmente y atrae a una considerable muchedumbre. Antes de que los jinetes compitan, desfilan, al son de tambores, los representantes de cada barrio. Con trajes del siglo XVI, rodean al caballo preparado para defender sus colores.

medieval. En 1559, París está enlutado por la muerte del rey Enrique II, mortalmente herido por la lanza de su adversario. Roma ve su último torneo en 1565. Existen también combates menos violentos, como la lucha que opone, sin armas, a Enrique VIII y a Francisco I durante la entrevista del Camp du Drap d'or en la primavera de 1520. Están, finalmente, las mascaradas en las que se conjugan el arte dramático, la danza y la gastronomía. Son la gran especialidad de Catalina de Médicis. Como tienen lugar en los jardines y en los estanques, se pueden ver en ellos barcos disfrazados de ballenas con músicos en sus flancos. Los mismos caballos están disfrazados de elefantes. Margarita de Valois, hija de Catalina de Médicis, nos ha dejado el testimonio de estas diversiones encantadoras como las que tuvieron lugar en Bayona el 24 de junio de 1565: «El soberbio festín de la reina, mi madre, tuvo lugar en una

isla, acompañado por un ballet. La reina preparó grandes hornacinas y en cada una de ellas una mesa redonda para doce personas. Todas estas mesas estaban servidas por grupos de diferentes pastoras, vestidas con tejidos de oro y de raso, con los diferentes trajes de todas las provincias de Francia.»

CRONOLOGÍA

	Los hechos	Los personajes	La cultura

Los hechos

1450

1453 Mohamed II toma Constantinopla.

1475 Borgoña en el apogeo de su poder.

1492 Toma de Granada.
1494 Comienzo de las guerras de Italia y de la lucha de Francia y los Habsburgo. Tratado de Tordesillas.
1495 Constitución de la Liga de Venecia contra Francia.

1500

1510 Argel, capital de los corsarios del Mediterráneo.

1515 Batalla de Marignano.

1516 Concordato de Bolonia entre el papa León X y Francisco I.

1520 Entrevista del Camp du Drap d'or.

1521 Dieta de Worms.

1525 Batalla de Pavía.
1527 Toma y saqueo de Roma por los imperiales.

1539 Ordenanza de Villers-Cotterêts.

1542 Reanudación de la guerra entre Francisco I y Carlos V hasta la paz de Crépy, en 1544. Creación de la Inquisición romana.
1545 Primera sesión del Concilio de Trento, clausurado en 1563.

1550

1553 Fundación de la factoría de Macao.
1555 Paz de Augsburgo.

1559 Paz de Cateau-Cambrésis
1562-1598 Guerras de Religión en Francia.

1564-1565 Los turcos asedian Malta.
1566-1579 Revuelta de los Países Bajos.

1571 Batalla de Lepanto.
1572 Matanza de «San Bartolomé».

1576 Creación de la Liga Santa.

1581 Constitución de las Provincias Unidas.

1588 Derrota de la *Armada Invencible.*
1591 Primer viaje inglés a las Indias orientales.
1598 Promulgación del edicto de Nantes.

Los personajes

1453 Lorenzo el Magnífico, señor de Florencia.
1467-1477 Carlos el Temerario, duque de Borgoña
1478-1480 Ivan III conquista Novgorod y sacude el yugo mongol.

1492 Primer viaje de Cristóbal Colón.
1494 Ludovico el Moro se convierte en duque de Milán. Carlos VIII entra en Florencia.

1498 Vasco de Gama descubre la ruta de las Indias. Caída de Savonarola en Florencia.
1500 Cabral descubre el Brasil.
1501-1502 Comienzo de la trata de negros en América.

1509 Enrique VIII, rey de Inglaterra.
1509-1515 Expediciones de Albuquerque.

1513 León X (un Médicis) elegido papa.

1515-1547 Reinado de Francisco I.
1515 Barbarroja se apodera de Argel.

1519-1556 Carlos V, emperador. Cortés desembarca en Méjico.
1520-1556 Llegada de Solimán el Magnífico al trono.
1521 Excomunión de Lutero, comienzo de la Reforma protestante.

1531 Pizarro en el Perú.

1534 Enrique VIII, jefe de la Iglesia de Inglaterra. Cartier explora el río San Lorenzo.

1541 Calvino funda la Iglesia reformada en Ginebra.

1547-1559 Reinado de Enrique II, esposo de Catalina de Médicis.

1556 Abdicación de Carlos V
1558-1603 Isabel I, reina de Inglaterra.

1572 Fin de la dinastía de los Jagellones en Polonia.
1574-1589 Reinado de Enrique III.

1594 Entrada de Enrique IV en París.

La cultura

1450 Fundación de la imprenta Gutenberg, en Maguncia
1455 Ucello: La batalla de San Romano.

1473-1476 Verrocchio esculpe el David del Bargello.
1478-1480 Construcción del túnel de Viso, que une Italia con Francia.
1489 Miguel Ángel comparte la educación de los hijos de Lorenzo de Médicis.

1494 Fundación de la imprenta de Aldo Manucio en Venecia.

1495 Leonardo de Vinci comienza *La última cena.*

1500 Aparición de instrumentos de la familia del violín. El Bosco: *La tentación de san Antonio.*
1508-1512 Miguel Ángel pinta el techo de la Capilla Sixtina.
1509-1512 Rafael pinta las habitaciones del Vaticano.
1510-1511 Erasmo enseña griego en Cambridge.

1514 Tiziano: *Amor sagrado, amor profano.*

1516 Tomás Moro: *Utopía* Maquiavelo: *El príncipe*
1517 Introducción del café en Europa.
1519-1522 Primera vuelta al mundo de la expedición de Magallanes

1525 Llegada de la patata a Europa.

1530 Fundación del Colegio de Francia.

1532 Rabelais: *Pantagruel, Gargantúa* (1534).

1540 El papa aprueba la Compañía de Jesús.

1543 Copérnico: *De revolutionibus orbium coelestium.* Vesalio: *De corporis humani fabrica.*

1553 Ronsard: *El libro de los amores.*

1556 Creación de la Pléyade.

1559 Introducción del tabaco en Europa.

1563-1584 Construcción de El Escorial.

1568 Vasari: *Las vidas de los más célebres pintores, escultores y arquitectos italianos.*
1568-1575 Vignola edifica la iglesia del Gesù, en Roma.

1576 Juan Bodin: *De la república.*
1580 Montaigne: *Los ensayos.*

1586 El Greco: *El entierro del conde de Orgaz.*

ÍNDICE

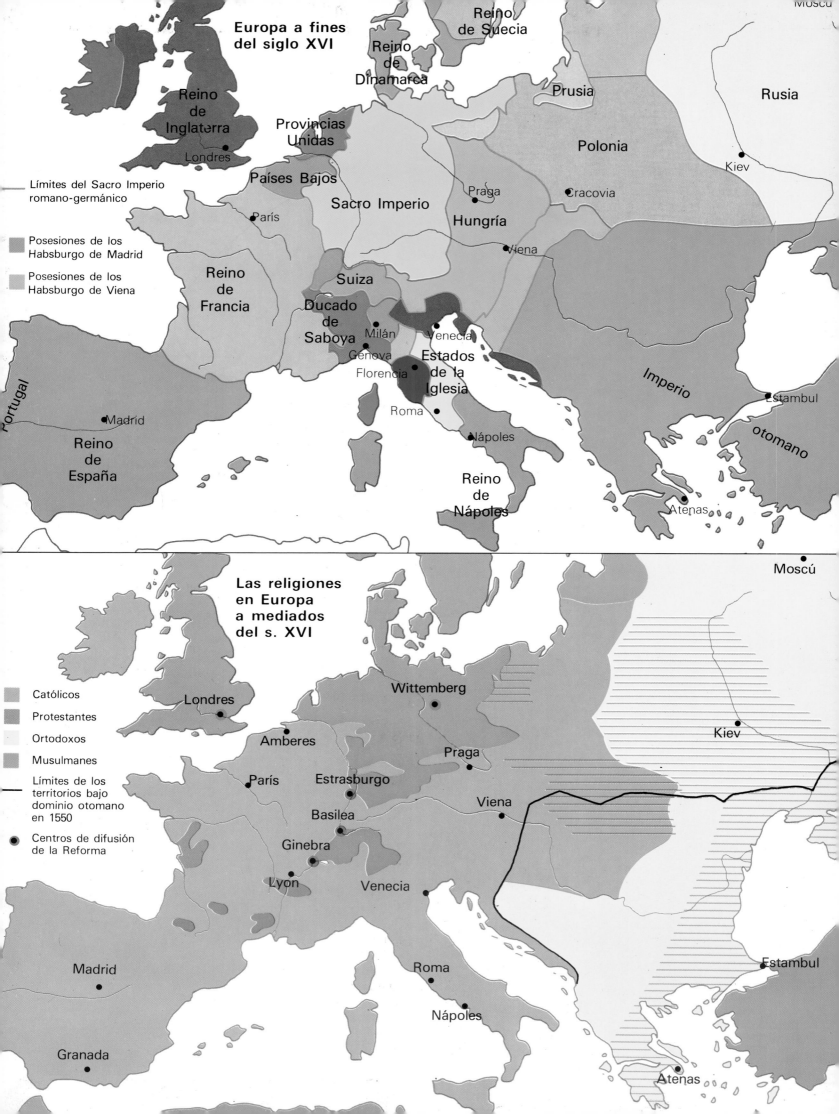

Europa a fines del siglo XVI

Reino de Inglaterra
Londres

Provincias Unidas

Países Bajos

Reino de Suecia

Reino de Dinamarca

Prusia

Rusia

Polonia

Kiev

Praga

Cracovia

Sacro Imperio

Hungría

Viena

Límites del Sacro Imperio romano-germánico

Posesiones de los Habsburgo de Madrid

Posesiones de los Habsburgo de Viena

París

Reino de Francia

Suiza

Ducado de Saboya

Milán

Genova

Florencia

Venecia

Estados de la Iglesia

Roma

Imperio otomano

Estambul

Portugal

Madrid

Reino de España

Nápoles

Reino de Nápoles

Atenas

Las religiones en Europa a mediados del s. XVI

Moscú

Católicos

Protestantes

Ortodoxos

Musulmanes

Límites de los territorios bajo dominio otomano en 1550

Centros de difusión de la Reforma

Londres

Wittemberg

Kiev

Amberes

Praga

París

Estrasburgo

Viena

Basilea

Ginebra

Lyon

Venecia

Madrid

Roma

Granada

Nápoles

Estambul

Atenas